Gotthold Ephraim Lessing

Nathan der Weise

Schroedel
westermann

Gotthold Ephraim Lessing (1729–1781).
Gemälde von Anton Graff (1736–1813) aus dem Jahre 1771.
Öl auf Leinwand, 60 × 47,5 cm

Gotthold Ephraim Lessing

Nathan der Weise

Ein Dramatisches Gedicht,
in fünf Aufzügen.

Introite, nam et heic Dii sunt!
APUD GELLIUM.

[Tretet ein, denn auch hier
sind Götter! / BEI GELLIUS.
Gellius ist ein römischer Autor
des 2. Jahrhunderts n. Chr.]

Personen

Sultan **Saladin.**
Sittah, dessen Schwester.
Nathan, ein reicher Jude in Jerusalem. gut, klug, weise
Recha, dessen angenommene Tochter. Schwärmerin
Daja, eine Christin, aber in dem Hause des Juden, als Gesellschafterin der Recha. Judenkritisch
Ein junger **Tempelherr.** religiöse Vorurteilen
Ein **Derwisch.**
Der **Patriarch** von Jerusalem.
Ein **Klosterbruder.**
Ein **Emir** nebst verschiednen **Mamelucken** des Saladin.

Die Szene ist in Jerusalem.

Sultan arab.: Herrscher

Saladin → Seite 167

Tempelherr → Seite 167

Derwisch → Seite 167

Der Patriarch von Jerusalem → Seite 167

Emir (arab.) Befehlshaber, Stammesfürst

Mamelucken → Seite 167

kein Verbrecher

Derwisch: Schatzmeister, denkt an Geld,

Patriarch: Moslem feindlich

Klosterbruder macht genau, was ihm befohlen wird,

Erster Aufzug.

Erster Auftritt.

Szene: Flur in Nathans Hause.
Nathan *von der Reise kommend.* **Daja** *ihm entgegen.*

Daja. Er ist es! Nathan! – Gott sei ewig Dank,
Dass Ihr doch endlich einmal wiederkommt.
Nathan. Ja, Daja; Gott sei Dank! – Doch warum endlich?
Hab' ich denn eher wiederkommen wollen?
Und wiederkommen können? Babylon
Ist von Jerusalem, wie ich den Weg,
Seitab bald rechts, bald links, zu nehmen bin
Genötigt worden, gute hundert Meilen;
Und Schulden einkassieren, ist gewiss
Auch kein Geschäft, das merklich födert, das
So von der Hand sich schlagen lässt.
Daja. O Nathan,
Wie elend, elend hättet Ihr indes
Hier werden können! Euer Haus ...
Nathan. Das brannte.
So hab ich schon vernommen. – Gebe Gott,
Dass ich nur alles schon vernommen habe!
Daja. Und wäre leicht von Grund aus abgebrannt.
Nathan. Dann, Daja, hätten wir ein neues uns
Gebaut; und ein bequemeres.
Daja. Schon wahr! –
Doch Recha wär bei einem Haare mit
Verbrannt.
Nathan. Verbrannt? Wer? meine Recha? sie? –
Das hab ich nicht gehört. – Nun dann! So hätte
Ich keines Hauses mehr bedurft. – Verbrannt

Babylon → Seite 167

gute hundert Meilen → Seite 167

födert vorangeht

von der Hand sich schlagen lässt sich schnell erledigen lässt, schnell von der Hand geht

Bei einem Haare! – Ha! sie ist es wohl!
Ist wirklich wohl verbrannt! – Sag nur heraus!
Heraus nur! – Töte mich: und martre mich
Nicht länger. – Ja, sie ist verbrannt.

Daja. Wenn sie
Es wäre, würdet Ihr von mir es hören?

denn dann (in dieser Bedeutung noch öfter)

Nathan. Warum erschreckest du mich denn? – O Recha!
O meine Recha!

Daja. Eure? Eure Recha?

Nathan. Wenn ich mich wieder je entwöhnen müsste,
Dies Kind mein Kind zu nennen!

Daja. Nennt Ihr alles,
Was Ihr besitzt, mit ebenso viel Rechte
Das Eure?

Nathan. Nichts mit größerm! Alles, was
Ich sonst besitze, hat Natur und Glück
Mir zugeteilt. Dies Eigentum allein
Dank ich der Tugend.

Dank Verdanke

Daja. O wie teuer lasst
Ihr Eure Güte, Nathan, mich bezahlen!
Wenn Güt', in solcher Absicht ausgeübt,
Noch Güte heißen kann!

Nathan. In solcher Absicht?
In welcher?

Daja. Mein Gewissen ...

Nathan. Daja, lass
Vor allen Dingen dir erzählen ...

Daja. Mein
Gewissen, sag ich ...

Nathan. Was in Babylon
Für einen schönen Stoff ich dir gekauft.
So reich, und mit Geschmack so reich! Ich bringe
Für Recha selbst kaum einen schönern mit.

Daja. Was hilft's? Denn mein Gewissen, muss ich Euch
Nur sagen, lässt sich länger nicht betäuben.
Nathan. Und wie die Spangen, wie die Ohrgehenke,
Wie Ring und Kette dir gefallen werden,
Die in Damaskus ich dir ausgesucht:
Verlanget mich zu sehn.
Daja. So seid Ihr nun!
Wenn Ihr nur schenken könnt! nur schenken könnt!
Nathan. Nimm du so gern, als ich dir geb: – und schweig!
Daja. Und schweig! – Wer zweifelt, Nathan, dass Ihr nicht
Die Ehrlichkeit, die Großmut selber seid?
Und doch ...
Nathan. Doch bin ich nur ein Jude. – Gelt,
Das willst du sagen?
Daja. Was ich sagen will,
Das wisst Ihr besser.
Nathan. Nun so schweig!
Daja. Ich schweige.
Was Sträfliches vor Gott hierbei geschieht,
Und ich nicht hindern kann, nicht ändern kann, –
Nicht kann, – komm' über Euch!
Nathan. Komm' über mich! –
Wo aber ist sie denn? wo bleibt sie? – Daja,
Wenn du mich hintergehst! – Weiß sie es denn,
Dass ich gekommen bin?
Daja. Das frag ich Euch!
Noch zittert ihr der Schreck durch jede Nerve.
Noch malet Feuer ihre Fantasie
Zu allem, was sie malt. Im Schlafe wacht,
Im Wachen schläft ihr Geist: bald weniger
Als Tier, bald mehr als Engel.
Nathan. Armes Kind!
Was sind wir Menschen!

Spangen Armreife oder Haarspangen, aber auch verzierte Nadeln zum Zusammenhalten von Schuhen und Kleidung

Ohrgehenke Ohrgehänge, Ohrringe

Gelt Gell; nicht war

Nerve Nervenfaser

Daja. Diesen Morgen lag
Sie lange mit verschlossnem Aug', und war
Wie tot. Schnell fuhr sie auf, und rief: »Horch! horch!
Da kommen die Kamele meines Vaters!
Horch! seine sanfte Stimme selbst!« – Indem
Brach sich ihr Auge wieder: und ihr Haupt,
Dem seines Armes Stütze sich entzog,
Stürzt auf das Küssen. – Ich, zur Pfort' hinaus!
Und sieh: da kommt Ihr wahrlich! kommt Ihr wahrlich! –
Was Wunder! ihre ganze Seele war
Die Zeit her nur bei Euch – und ihm. –
Nathan. Bei ihm?
Bei welchem Ihm?
Daja. Bei ihm, der aus dem Feuer
Sie rettete.
Nathan. Wer war das? wer? – Wo ist er?
Wer rettete mir meine Recha? wer?
Daja. Ein junger Tempelherr, den, wenig Tage
Zuvor, man hier gefangen eingebracht,
Und Saladin begnadigt hatte.
Nathan. Wie?
Ein Tempelherr, dem Sultan Saladin
Das Leben ließ? Durch ein geringres Wunder
War Recha nicht zu retten? Gott!
Daja. Ohn ihn,
Der seinen unvermuteten Gewinst
Frisch wieder wagte, war es aus mit ihr.
Nathan. Wo ist er, Daja, dieser edle Mann? –
Wo ist er? Führe mich zu seinen Füßen.
Ihr gabt ihm doch vors Erste, was an Schätzen
Ich euch gelassen hatte? gabt ihm alles?
Verspracht ihm mehr? weit mehr?
Daja. Wie konnten wir?

Indem Im selben Augenblick

Brach sich ihr Auge wieder Wurde sie wieder bewusstlos; schlief sie ein

Küssen Kissen

gefangen eingebracht als Gefangenen hergebracht

Gewinst Gewinn

war es … wäre es … gewesen

vors fürs

Nathan. Nicht? nicht?
Daja. Er kam, und niemand weiß woher.
Er ging, und niemand weiß wohin. – Ohn alle
Des Hauses Kundschaft, nur von seinem Ohr
Geleitet, drang, mit vorgespreiztem Mantel,
Er kühn durch Flamm und Rauch der Stimme nach,
Die uns um Hülfe rief. Schon hielten wir
Ihn für verloren, als aus Rauch und Flamme
Mit eins er vor uns stand, im starken Arm
Empor sie tragend. Kalt und ungerührt
Vom Jauchzen unsers Danks, setzt seine Beute
Er nieder, drängt sich unters Volk und ist –
Verschwunden!
Nathan. Nicht auf immer, will ich hoffen.
Daja. Nachher die ersten Tage sahen wir
Ihn untern Palmen auf und nieder wandeln,
Die dort des Auferstandnen Grab umschatten.
Ich nahte mich ihm mit Entzücken, dankte,
Erhob, entbot, beschwor, – nur einmal noch
Die fromme Kreatur zu sehen, die
Nicht ruhen könne, bis sie ihren Dank
Zu seinen Füßen ausgeweinet.
Nathan. Nun?
Daja. Umsonst! Er war zu unsrer Bitte taub;
Und goss so bittern Spott auf mich besonders ...
Nathan. Bis dadurch abgeschreckt ...
Daja. Nichts weniger!
Ich trat ihn jeden Tag von Neuem an;
Ließ jeden Tag von Neuem mich verhöhnen.
Was litt ich nicht von ihm! Was hätt ich nicht
Noch gern ertragen! – Aber lange schon
Kommt er nicht mehr, die Palmen zu besuchen,
Die seines Auferstandnen Grab umschatten;

Ohn alle / Des Hauses Kundschaft ohne jede Kenntnis des Hauses, ohne sich im Haus auszukennen

mit vorgespreiztem Mantel mit (zum Schutz vor dem Feuer) vors Gesicht gehaltenem Mantel

Mit eins Auf einmal, plötzlich

des Auferstandnen Grab das Grab Christi; gemeint ist die Grabeskirche in Jerusalem

Erhob wohl: Erhob die Arme (als Geste des Grußes und des Segens)

entbot bot ihm (unseren Dank, unsere Dienste) an

Kreatur Geschöpf, Wesen

trat ihn … an trat an ihn heran (um unsere Bitte vorzubringen)

Und niemand weiß, wo er geblieben ist. –
Ihr staunt? Ihr sinnt?

sinnt denkt nach, überlegt

Nathan. Ich überdenke mir,
Was das auf einen Geist, wie Rechas, wohl
Für Eindruck machen muss. Sich so verschmäht
Von dem zu finden, den man hochzuschätzen
Sich so gezwungen fühlt; so weggestoßen,
Und doch so angezogen werden; – Traun,
Da müssen Herz und Kopf sich lange zanken,
Ob Menschenhass, ob Schwermut siegen soll.
Oft siegt auch keines; und die Fantasie,
Die in den Streit sich mengt, macht Schwärmer,
Bei welchen bald der Kopf das Herz, und bald
Das Herz den Kopf muss spielen. – Schlimmer Tausch! –
Das Letztere, verkenn ich Recha nicht,
Ist Rechas Fall: sie schwärmt.

Traun fürwahr, wahrlich; Ausdruck der Bekräftigung

Schwärmer (religiöse) Eiferer, Fanatiker

Daja. Allein so fromm,
So liebenswürdig!

Nathan. Ist doch auch geschwärmt!

Daja. Vornehmlich Eine – Grille, wenn Ihr wollt,
Ist ihr sehr wert. Es sei ihr Tempelherr
Kein irdischer und keines irdischen;
Der Engel einer, deren Schutze sich
Ihr kleines Herz, von Kindheit auf, so gern
Vertrauet glaubte, sei aus seiner Wolke,
In die er sonst verhüllt, auch noch im Feuer,
Um sie geschwebt, mit eins als Tempelherr
Hervorgetreten. – Lächelt nicht! – Wer weiß?
Lasst lächelnd wenigstens ihr einen Wahn,
In dem sich Jud und Christ und Muselmann
Vereinigen; – so einen süßen Wahn!

Grille Hirngespinst, Laune, sonderbarer Einfall

Kein irdischer und keines irdischen kein irdischer Tempelherr und keines irdischen Vaters Sohn, also ein überirdisches Wesen

Vertrauet Anvertraut

Wahn Einbildung, Illusion

Muselmann von arab. ›mulism‹: ›Bekenner des Islam‹; Moslem

Nathan. Auch mir so süß! – Geh, wackre Daja, geh;
Sieh, was sie macht; ob ich sie sprechen kann. –

Sodann such ich den wilden, launigen
Schutzengel auf. Und wenn ihm noch beliebt,
Hiernieden unter uns zu wallen; noch
Beliebt, so ungesittet Ritterschaft
Zu treiben: find ich ihn gewiss; und bring
Ihn her.

launigen launischen, übellaunigen

wallen wandeln

Daja. Ihr unternehmet viel.

unternehmet viel nehmt Euch viel vor

Nathan. Macht dann
Der süße Wahn der süßern Wahrheit Platz: –
Denn, Daja, glaube mir; dem Menschen ist
Ein Mensch noch immer lieber, als ein Engel –
So wirst du doch auf mich, auf mich nicht zürnen,
Die Engelschwärmerin geheilt zu sehn?

Daja. Ihr seid so gut, und seid zugleich so schlimm!
Ich geh! – doch hört! – doch seht! – da kommt sie selbst.

Zweiter Auftritt.

Recha, *und die* Vorigen.

Recha. So seid Ihr es doch ganz und gar, mein Vater?
Ich glaubt', Ihr hättet Eure Stimme nur
Vorausgeschickt. Wo bleibt Ihr? Was für Berge,
Für Wüsten, was für Ströme trennen uns
Denn noch? Ihr atmet Wand an Wand mit ihr,
Und eilt nicht, Eure Recha zu umarmen?
Die arme Recha, die indes verbrannte! –
Fast, fast verbrannte! Fast nur. Schaudert nicht!
Es ist ein garst'ger Tod, verbrennen. O!

Nathan. Mein Kind! mein liebes Kind!

Recha. Ihr musstet über
Den Euphrat, Tigris, Jordan; über – wer

Euphrat, Tigris → Seite 167

Jordan → Seite 167

Weiß was für Wasser all? – Wie oft hab ich
Um Euch gezittert, eh das Feuer mir
So nahe kam! Denn seit das Feuer mir
So nahe kam: dünkt mich im Wasser sterben
Erquickung, Labsal, Rettung. – Doch Ihr seid
Ja nicht ertrunken: ich, ich bin ja nicht
Verbrannt. Wie wollen wir uns freun, und GOtt,
GOtt loben! Er, er trug Euch und den Nachen
Auf Flügeln seiner unsichtbaren Engel
Die ungetreuen Ström' hinüber. Er,
Er winkte meinem Engel, dass er sichtbar
Auf seinem weißen Fittiche, mich durch
Das Feuer trüge –

dünkt mich scheint mir

Labsal Wohltat, Stärkung

Nachen Boot, Kahn

Fittiche poetischer Ausdruck für: Flügel

Nathan *beiseite.* (Weißem Fittiche!
Ja, ja! der weiße vorgespreizte Mantel
Des Tempelherrn.)

Recha. Er sichtbar, sichtbar mich
Durchs Feuer trüg, von seinem Fittiche
Verweht. – Ich also, ich hab einen Engel
Von Angesicht zu Angesicht gesehn;
Und meinen Engel.

Nathan. Recha wär es wert;
Und würd an ihm nichts Schönres sehn, als er
An ihr.

Recha *lächelnd.* Wem schmeichelt Ihr, mein Vater? wem?
Dem Engel, oder Euch?

Nathan. Doch hätt auch nur
Ein Mensch – ein Mensch, wie die Natur sie täglich
Gewährt, dir diesen Dienst erzeigt: er müsste
Für dich ein Engel sein. Er müsst und würde.

erzeigt erwiesen

Recha. Nicht so ein Engel; nein! ein wirklicher;
Es war gewiss ein wirklicher! – Habt Ihr,
Ihr selbst die Möglichkeit, dass Engel sind,

Dass GOtt zum Besten derer, die ihn lieben,
Auch Wunder könne tun, mich nicht gelehrt?
Ich lieb ihn ja.

Nathan. Und er liebt dich; und tut
Für dich, und deinesgleichen, stündlich Wunder;
Ja, hat sie schon von aller Ewigkeit
Für euch getan.

Recha. Das hör ich gern.

Nathan. Wie? weil
Es ganz natürlich, ganz alltäglich klänge,
Wenn dich ein eigentlicher Tempelherr
Gerettet hätte: sollt es darum weniger
Ein Wunder sein? – Der Wunder höchstes ist,
Dass uns die wahren, echten Wunder so
Alltäglich werden können, werden sollen.
Ohn dieses allgemeine Wunder, hätte
Ein Denkender wohl schwerlich Wunder je
Genannt, was Kindern bloß so heißen müsste,
Die gaffend nur das Ungewöhnlichste,
Das Neuste nur verfolgen.

Daja *zu Nathan.* Wollt Ihr denn
Ihr ohnedem schon überspanntes Hirn
Durch solcherlei Subtilitäten ganz
Zersprengen?

Nathan. Lass mich! – Meiner Recha wär
Es Wunders nicht genug, dass sie ein Mensch
Gerettet, welchen selbst kein kleines Wunder
Erst retten müssen? Ja, kein kleines Wunder!
Denn wer hat schon gehört, dass Saladin
Je eines Tempelherrn verschont? dass je
Ein Tempelherr von ihm verschont zu werden
Verlangt? gehofft? ihm je für seine Freiheit
Mehr als den ledern Gurt geboten, der

eigentlicher wirklicher

ohnedem ohnehin

Subtilitäten (lat.) Spitzfindigkeiten

Erst retten müssen Erst hat retten müssen (ähnliche Verkürzungen des Prädikats auch im Folgenden)

Mehr als … höchstens seinen Dolch? → Seite 167

schließt für mich spricht für meine Auffassung

Kömmt Kommt

gewissen sicheren

viele zwanzig Jahre rund zwanzig Jahre

sein Geschwister seine Geschwister

wenn hier: wann (in dieser Bedeutung noch öfter)

Sein Eisen schleppt; und höchstens seinen Dolch?
Recha. Das schließt für mich, mein Vater. – Darum eben
War das kein Tempelherr; er schien es nur. –
Kömmt kein gefangner Tempelherr je anders
Als zum gewissen Tode nach Jerusalem;
Geht keiner in Jerusalem so frei
Umher: wie hätte mich des Nachts freiwillig
Denn einer retten können?
Nathan. Sieh! wie sinnreich.
Jetzt, Daja, nimm das Wort. Ich hab es ja
Von dir, dass er gefangen hergeschickt
Ist worden. Ohne Zweifel weißt du mehr.
Daja. Nun ja. – So sagt man freilich; – doch man sagt
Zugleich, dass Saladin den Tempelherrn
Begnadigt, weil er seiner Brüder einem,
Den er besonders lieb gehabt, so ähnlich sehe.
Doch da es viele zwanzig Jahre her,
Dass dieser Bruder nicht mehr lebt, – er hieß,
Ich weiß nicht wie; – er blieb, ich weiß nicht wo: –
So klingt das ja so gar – so gar unglaublich,
Dass an der ganzen Sache wohl nichts ist.
Nathan. Ei, Daja! Warum wäre denn das so
Unglaublich? doch wohl nicht – wie's wohl geschieht –
Um lieber etwas noch Unglaublichers
Zu glauben? – Warum hätte Saladin,
Der sein Geschwister insgesamt so liebt,
In jüngern Jahren einen Bruder nicht
Noch ganz besonders lieben können? – Pflegen
Sich zwei Gesichter nicht zu ähneln? – Ist
Ein alter Eindruck ein verlorner? – Wirkt
Das Nämliche nicht mehr das Nämliche? –
Seit wenn? – Wo steckt hier das Unglaubliche? –
Ei freilich, weise Daja, wär's für dich

Kein Wunder mehr; und **deine** Wunder nur
Bedürf – verdienen, will ich sagen, Glauben.
Daja. Ihr spottet.
Nathan. Weil du meiner spottest. – Doch
Auch so noch, Recha, bleibet deine Rettung
Ein Wunder, dem nur möglich, der die strengsten
Entschlüsse, die unbändigsten Entwürfe
Der Könige, sein Spiel – wenn nicht sein Spott –
Gern an den schwächsten Fäden lenkt.
Recha. Mein Vater!
Mein Vater, wenn ich irr, Ihr wisst, ich irre
Nicht gern.
Nathan. Vielmehr, du lässt dich gern belehren. –
Sieh! eine Stirn, so oder so gewölbt;
Der Rücken einer Nase, so vielmehr
Als so geführet; Augenbraunen, die
Auf einem scharfen oder stumpfen Knochen
So oder so sich schlängeln; eine Linie,
Ein Bug, ein Winkel, eine Falt, ein Mal,
Ein Nichts, auf eines wilden Europäers
Gesicht: – und du entkömmst dem Feu'r, in Asien?
Das wär kein Wunder, wundersücht'ges Volk?
Warum bemüht ihr denn noch einen Engel?
Daja. Was schadet's – Nathan, wenn ich sprechen darf –
Bei alledem, von einem Engel lieber
Als einem Menschen sich gerettet denken?
Fühlt man der ersten unbegreiflichen
Ursache seiner Rettung nicht sich so
Viel näher?
Nathan. Stolz! und nichts als Stolz! Der Topf
Von Eisen will mit einer silbern Zange
Gern aus der Glut gehoben sein, um selbst
Ein Topf von Silber sich zu dünken. – Pah! –

Augenbraunen Augenbrauen

Bug Biegung, Krümmung (der Nase)

Ein Topf von Silber sich zu dünken Sich für einen Topf aus Silber zu halten

Und was es schadet, fragst du? was es schadet?
Was hilft es? dürft ich nur hinwieder fragen. –
Denn dein »Sich Gott um so viel näher fühlen«,
Ist Unsinn oder Gotteslästerung. –
Allein es schadet; ja, es schadet allerdings. –
Kommt! hört mir zu. – Nicht wahr? dem Wesen, das
Dich rettete, – es sei ein Engel oder
Ein Mensch, – dem möchtet ihr, und du besonders,
Gern wieder viele große Dienste tun? –
Nicht wahr? – Nun, einem Engel, was für Dienste,
Für große Dienste könnt ihr dem wohl tun?
Ihr könnt ihm danken; zu ihm seufzen, beten;
Könnt in Entzückung über ihn zerschmelzen;
Könnt an dem Tage seiner Feier fasten,
Almosen spenden. – Alles nichts. – Denn mich
Deucht immer, dass ihr selbst und euer Nächster
Hierbei weit mehr gewinnt, als er. Er wird
Nicht fett durch euer Fasten; wird nicht reich
Durch eure Spenden; wird nicht herrlicher
Durch eu'r Entzücken; wird nicht mächtiger
Durch eu'r Vertrauen. Nicht wahr? Allein ein Mensch!

an dem Tage seiner Feier an dem Tag, den man ihm zu Ehren feiert

Almosen milde Gaben

mich / Deucht mir scheint

Daja. Ei freilich hätt ein Mensch, etwas für ihn
Zu tun, uns mehr Gelegenheit verschafft.
Und Gott weiß, wie bereit wir dazu waren!
Allein er wollte ja, bedurfte ja
So völlig nichts; war in sich, mit sich so
Vergnügsam, als nur Engel sind, nur Engel
Sein können.

Vergnügsam Zufrieden, genügsam

Recha. Endlich, als er gar verschwand ...
Nathan. Verschwand? – Wie denn verschwand? –
Sich untern Palmen
Nicht ferner sehen ließ? – Wie? oder habt
Ihr wirklich schon ihn weiter aufgesucht?

Daja. Das nun wohl nicht.
Nathan. Nicht, Daja? nicht? – Da sieh
Nun was es schad't! – Grausame Schwärmerinnen! –
Wenn dieser Engel nun – nun krank geworden! ...
Recha. Krank!
Daja. Krank! Er wird doch nicht!
Recha. Welch kalter Schauer
Befällt mich! – Daja! – Meine Stirne, sonst
So warm, fühl! ist auf einmal Eis.
Nathan. Er ist
Ein Franke, dieses Klimas ungewohnt;
Ist jung; der harten Arbeit seines Standes,
Des Hungerns, Wachens ungewohnt.

Franke
→ Seite 168

Recha. Krank! krank!
Daja. Das wäre möglich, meint ja Nathan nur.
Nathan. Nun liegt er da! hat weder Freund, noch Geld
Sich Freunde zu besolden.
Recha. Ah, mein Vater!
Nathan. Liegt ohne Wartung, ohne Rat und Zusprach,
Ein Raub der Schmerzen und des Todes da!

Wartung
Pflege

Recha. Wo? wo?
Nathan. Er, der für eine, die er nie
Gekannt, gesehn – genug, es war ein Mensch –
Ins Feu'r sich stürzte ...
Daja. Nathan, schonet ihrer!
Nathan. Der, was er rettete, nicht näher kennen,
Nicht weiter sehen mocht, – um ihm den Dank
Zu sparen ...
Daja. Schonet ihrer, Nathan!
Nathan. Weiter
Auch nicht zu sehn verlangt', – es wäre denn,
Dass er zum zweiten Mal es retten sollte –
Denn g'nug, es ist ein Mensch ...

Daja. Hört auf, und seht!

laben erfrischen

Nathan. Der, der hat sterbend sich zu laben, nichts –
Als das Bewusstsein dieser Tat!

Daja. Hört auf!
Ihr tötet sie?

Nathan. Und du hast ihn getötet? –
Hättst so ihn töten können. – Recha! Recha!
Es ist Arznei, nicht Gift, was ich dir reiche.
Er lebt! – komm zu dir! – ist auch wohl nicht krank;
Nicht einmal krank!

Recha. Gewiss? – nicht tot? nicht krank?

Nathan. Gewiss, nicht tot! – denn GOtt lohnt Gutes, hier
Getan, auch hier noch. – Geh! – Begreifst du aber,
Wie viel andächtig schwärmen leichter, als
Gut handeln ist? wie gern der schlaffste Mensch
Andächtig schwärmt, um nur, – ist er zuzeiten
Sich schon der Absicht deutlich nicht bewusst –
Um nur gut handeln nicht zu dürfen?

dürfen brauchen, müssen (in dieser Bedeutung noch öfter)

Recha. Ah,
Mein Vater! lasst, lasst Eure Recha doch
Nie wiederum allein! – Nicht wahr, er kann
Auch wohl verreist nur sein? –

Nathan. Geht! – Allerdings. –
Ich seh, dort mustert mit neugier'gem Blick
Ein Muselmann mir die beladenen
Kamele. Kennt ihr ihn?

Daja. Ha! Euer Derwisch.

Nathan. Wer?

Daja. Euer Derwisch; Euer Schachgesell!

Al-Hafi (arab.) Barfüßler

Nathan. Al-Hafi? das Al-Hafi?

Itzt Jetzt

Daja. Itzt des Sultans
Schatzmeister.

Nathan. Wie? Al-Hafi? Träumst du wieder? –

Er ist's! – wahrhaftig, ist's! – kömmt auf uns zu.
Hinein mit Euch, geschwind! – Was werd ich hören!

Hinein mit Euch
→ Seite 168

Dritter Auftritt.

Nathan *und der* **Derwisch.**

Derwisch. Reißt nur die Augen auf, so weit Ihr könnt!
Nathan. Bist du's? bist du es nicht? – In dieser Pracht,
Ein Derwisch! ...
Derwisch. Nun? warum denn nicht? Lässt sich
Aus einem Derwisch denn nichts, gar nichts machen?
Nathan. Ei wohl, genug! – Ich dachte mir nur immer,
Der Derwisch – so der rechte Derwisch – woll'
Aus sich nichts machen lassen.
Derwisch. Beim Propheten!
Dass ich kein rechter bin, mag auch wohl wahr sein.
Zwar wenn man muss –
Nathan. Muss! Derwisch! – Derwisch muss?
Kein Mensch muss müssen, und ein Derwisch müsste?
Was müsst er denn?
Derwisch. Warum man ihn recht bittet,
Und er für gut erkennt: das muss ein Derwisch.
Nathan. Bei unserm Gott! da sagst du wahr. – Lass dich
Umarmen, Mensch. – Du bist doch noch mein Freund?
Derwisch. Und fragt nicht erst, was ich geworden bin?
Nathan. Trotz dem, was du geworden!
Derwisch. Könnt ich nicht
Ein Kerl im Staat geworden sein, des Freundschaft
Euch ungelegen wäre?
Nathan. Wenn dein Herz
Noch Derwisch ist, so wag ich's drauf. Der Kerl

Warum hier: Worum (in dieser Bedeutung noch öfter)

des dessen

Im Staat, ist nur dein Kleid.

Derwisch. Das auch geehrt
Will sein. – Was meint Ihr? ratet! – Was wär ich
An Eurem Hofe?

Nathan. Derwisch; weiter nichts.
Doch nebenher, wahrscheinlich – Koch.

Derwisch. Nun ja!
Mein Handwerk bei Euch zu verlernen. – Koch!
Nicht Kellner auch? – Gesteht, dass Saladin
Mich besser kennt. – Schatzmeister bin ich bei
Ihm worden.

Kellner Kellermeister

Nathan. Du? – bei ihm?

Derwisch. Versteht:
Des kleinern Schatzes, – denn des größern waltet
Sein Vater noch – des Schatzes für sein Haus.

des größern waltet / Sein Vater noch der größere [Schatz] befindet sich noch in der Obhut seines Vaters

Nathan. Sein Haus ist groß.

Derwisch. Und größer, als Ihr glaubt;
Denn jeder Bettler ist von seinem Hause.

jeder Bettler ist von seinem Hause jeder Bettler wird vom Sultan so behandelt und bewirtet, als sei er ein Mitglied seines Hauses

Nathan. Doch ist den Bettlern Saladin so feind –

Derwisch. Dass er mit Strumpf und Stiel sie zu vertilgen
Sich vorgesetzt, – und sollt er selbst darüber
Zum Bettler werden.

mit Strumpf und Stiel ganz und gar → Seite 168

Sich vorgesetzt Sich vorgenommen hat

Nathan. Brav! – So mein ich's eben.

Derwisch.
Er ist's auch schon, trotz einem! – Denn sein Schatz
Ist jeden Tag mit Sonnenuntergang
Viel leerer noch, als leer. Die Flut, so hoch
Sie morgens eintritt, ist des Mittags längst
Verlaufen –

trotz einem so gut wie einer (ein Bettler)

Nathan. Weil Kanäle sie zum Teil
Verschlingen, die zu füllen oder zu
Verstopfen, gleich unmöglich ist.

Derwisch. Getroffen!

Nathan. Ich kenne das!
Derwisch. Es taugt nun freilich nichts,
Wenn Fürsten Geier unter Äsern sind.
Doch sind sie Äser unter Geiern, taugt's
Noch zehnmal weniger.
Nathan. O nicht doch, Derwisch!
Nicht doch!
Derwisch. Ihr habt gut reden, Ihr! – Kommt an:
Was gebt Ihr mir? so tret ich meine Stell'
Euch ab.
Nathan. Was bringt dir deine Stelle?
Derwisch. Mir?
Nicht viel. Doch Euch, Euch kann sie trefflich wuchern.
Denn ist es Ebb' im Schatz, – wie öfters ist, –
So zieht Ihr Eure Schleusen auf: schießt vor,
Und nehmt an Zinsen, was Euch nur gefällt.
Nathan. Auch Zins vom Zins der Zinsen?
Derwisch. Freilich!
Nathan. Bis
Mein Kapital zu lauter Zinsen wird.
Derwisch.
Das lockt Euch nicht? – So schreibet unsrer Freundschaft
Nur gleich den Scheidebrief! Denn wahrlich hab
Ich sehr auf Euch gerechnet.
Nathan. Wahrlich? Wie
Denn so? wieso denn?
Derwisch. Dass Ihr mir mein Amt
Mit Ehren würdet führen helfen; dass
Ich allzeit offne Kasse bei Euch hätte. –
Ihr schüttelt?
Nathan. Nun, verstehn wir uns nur recht!
Hier gibt's zu unterscheiden. – Du? warum
Nicht du? Al-Hafi Derwisch ist zu allem,

Äsern Kadavern (Mehrzahl von Aas)

Kommt an Kommt her

trefflich vortrefflich

wuchern Zinsen (ein)bringen

Scheidebrief Urkunde, die eine Trennung amtlich bekräftigt; gemeint ist: sich von dem anderen lossagen

Ihr schüttelt Ihr schüttelt den Kopf, verneint

Was ich vermag, mir stets willkommen. – Aber
Al-Hafi Defterdar des Saladin,
Der – dem –

Defterdar (pers.) Schatzmeister

Derwisch. Erriet ich's nicht? Dass Ihr doch immer
So gut als klug, so klug als weise seid! –
Geduld! Was Ihr am Hafi unterscheidet,
Soll bald geschieden wieder sein. – Seht da
Das Ehrenkleid, das Saladin mir gab.
Eh es verschossen ist, eh es zu Lumpen
Geworden, wie sie einen Derwisch kleiden,
Hängt's in Jerusalem am Nagel, und
Ich bin am Ganges, wo ich leicht und barfuß
Den heißen Sand mit meinen Lehrern trete.

Was Ihr am Hafi unterscheidet Die Euch (zurecht) seltsam erscheinende Verbindung von Derwisch und Schatzmeister

verschossen verschlissen

Ganges → Seite 168

Nathan. Dir ähnlich g'nug!
Derwisch. Und Schach mit ihnen spiele.
Nathan. Dein höchstes Gut!
Derwisch. Denkt nur, was mich verführte! –
Damit ich selbst nicht länger betteln dürfte?
Den reichen Mann mit Bettlern spielen könnte?
Vermögend wär im Hui den reichsten Bettler
In einen armen Reichen zu verwandeln?

im Hui im Nu, sofort

Nathan. Das nun wohl nicht.
Derwisch. Weit etwas Abgeschmackters!
Ich fühlte mich zum ersten Mal geschmeichelt;
Durch Saladins gutherz'gen Wahn geschmeichelt –

Abgeschmackters Geschmackloseres

Nathan. Der war?
Derwisch. »Ein Bettler wisse nur, wie Bettlern
Zu Mute sei; ein Bettler habe nur
Gelernt, mit guter Weise Bettlern geben.
Dein Vorfahr, sprach er, war mir viel zu kalt,
Zu rau. Er gab so unhold, wenn er gab;
Erkundigte so ungestüm sich erst
Nach dem Empfänger; nie zufrieden, dass

Vorfahr hier: (Amts-)Vorgänger

unhold ungnädig, widerwillig

Er nur den Mangel kenne, wollt er auch
Des Mangels Ursach wissen, um die Gabe
Nach dieser Ursach filzig abzuwägen.
Das wird Al-Hafi nicht! So unmild mild
Wird Saladin im Hafi nicht erscheinen!
Al-Hafi gleicht verstopften Röhren nicht,
Die ihre klar und still empfangnen Wasser
So unrein und so sprudelnd wiedergeben.
Al-Hafi denkt; Al-Hafi fühlt wie ich!« –
So lieblich klang des Voglers Pfeife, bis
Der Gimpel in dem Netze war. – Ich Geck!
Ich eines Gecken Geck!

Nathan. Gemach, mein Derwisch,
Gemach!

Derwisch. Ei was! – Es wär nicht Geckerei,
Bei Hunderttausenden die Menschen drücken,
Ausmergeln, plündern, martern, würgen; und
Ein Menschenfreund an Einzeln scheinen wollen?
Es wär nicht Geckerei, des Höchsten Milde,
Die sonder Auswahl über Bös' und Gute
Und Flur und Wüstenei, in Sonnenschein
Und Regen sich verbreitet, – nachzuäffen,
Und nicht des Höchsten immer volle Hand
Zu haben? Was? es wär nicht Geckerei ...

Nathan. Genug! hör auf!

Derwisch. Lasst m e i n e r Geckerei
Mich doch nur auch erwähnen! – Was? es wäre
Nicht Geckerei, an solchen Geckereien
Die gute Seite dennoch auszuspüren,
Um Anteil, dieser guten Seite wegen,
An dieser Geckerei zu nehmen? Heh?
Das nicht?

Nathan. Al-Hafi, mache, dass du bald

filzig empörend geizig

des Voglers Pfeife die Pfeife, mit der der Vogelfänger die Vögel anlockt

Gimpel Dompfaff, Fink; auch: abfällige Bezeichnung für einen leichtgläubigen Menschen

Geck Narr

Gemach Langsam, ruhig

Bei Hunderttausenden Zu Hunderttausenden

drücken unterdrücken

Ausmergeln Das Mark aussaugen; auszehren

sonder ohne

Flur Ackerland, Nutzland

Wüstenei öde, unfruchtbare Gegend

In deine Wüste wieder kömmst. Ich fürchte,
Grad unter Menschen möchtest du ein Mensch
Zu sein verlernen.

möchtest könntest

Derwisch. Recht, das fürcht ich auch.
Lebt wohl!
Nathan. So hastig? – Warte doch, Al-Hafi.
Entläuft dir denn die Wüste? – Warte doch! –
Dass er mich hörte! – He, Al-Hafi! hier! –
Weg ist er; und ich hätt ihn noch so gern
Nach unserm Tempelherrn gefragt. Vermutlich,
Dass er ihn kennt.

Vierter Auftritt.

Daja *eilig herbei.* **Nathan.**

Daja. O Nathan, Nathan!
Nathan. Nun?
Was gibt's?
Daja. Er lässt sich wieder sehn! Er lässt
Sich wieder sehn!
Nathan. Wer, Daja? wer?
Daja. Er! er!
Nathan. Er? Er? – Wann lässt sich der nicht sehn! – Ja so,
Nur euer Er heißt er. – Das sollt er nicht!
Und wenn er auch ein Engel wäre, nicht!
Daja. Er wandelt untern Palmen wieder auf
Und ab; und bricht von Zeit zu Zeit sich Datteln.
Nathan. Sie essend? – und als Tempelherr?
Daja. Was quält
Ihr mich? – Ihr gierig Aug erriet ihn hinter
Den dicht verschränkten Palmen schon; und folgt

als Tempelherr? → Seite 168

gierig verlangendes

Ihm unverrückt. Sie lässt Euch bitten, – Euch
Beschwören, – ungesäumt ihn anzugehn.
O eilt! Sie wird Euch aus dem Fenster winken,
Ob er hinauf geht oder weiter ab
Sich schlägt. O eilt!

Nathan. So wie ich vom Kamele
Gestiegen? – Schickt sich das? – Geh, eile du
Ihm zu; und meld ihm meine Wiederkunft.
Gib Acht, der Biedermann hat nur mein Haus
In meinem Absein nicht betreten wollen;
Und kömmt nicht ungern, wenn der Vater selbst
Ihn laden lässt. Geh, sag, ich lass ihn bitten,
Ihn herzlich bitten …

Daja. All umsonst! Er kömmt
Euch nicht. – Denn kurz; er kömmt zu keinen Juden.

Nathan. So geh, geh wenigstens ihn anzuhalten;
Ihn wenigstens mit deinen Augen zu
Begleiten. – Geh, ich komme gleich dir nach.
Nathan eilet hinein, und Daja heraus.

- *unverrückt* unablässig, ohne den Blick abzuwenden
- *ungesäumt* ohne Verzögerung, sofort
- *ihn anzugehn* sich an ihn zu wenden
- *weiter ab / Sich schlägt* sich wegbewegt, weggeht
- *Biedermann* Ehrenmann
- *Absein* Abwesenheit
- *All umsonst* Ganz, völlig umsonst
- *kömmt / Euch nicht* kommt nicht zu Euch

Fünfter Auftritt.

Szene: ein Platz mit Palmen, unter welchen der **Tempelherr** *auf und nieder geht. Ein* **Klosterbruder** *folgt ihm in einiger Entfernung von der Seite, immer als ob er ihn anreden wolle.*

Tempelherr. Der folgt mir nicht vor langer Weile! – Sieh,
Wie schielt er nach den Händen! – Guter Bruder, –
Ich kann Euch auch wohl Vater nennen; nicht?

Klosterbruder. Nur Bruder – Laienbruder nur; zu dienen.

Tempelherr. Ja, guter Bruder, wer nur selbst was hätte!
Bei Gott! bei Gott! ich habe nichts –

- *vor langer Weile* aus Langeweile
- *Laienbruder … zu dienen* → Seite 168

Klosterbruder. Und doch
Recht warmen Dank! Gott geb Euch tausendfach
Was Ihr gern geben wolltet. Denn der Wille
Und nicht die Gabe macht den Geber. – Auch
Ward ich dem Herrn Almosens wegen gar
Nicht nachgeschickt.
Tempelherr. Doch aber nachgeschickt?
Klosterbruder. Ja; aus dem Kloster.
Tempelherr. Wo ich eben jetzt
Ein kleines Pilgermahl zu finden hoffte!
Klosterbruder. Die Tische waren schon besetzt: komm aber
Der Herr nur wieder mit zurück.
Tempelherr. Wozu?
Ich habe Fleisch wohl lange nicht gegessen:
Allein was tut's? die Datteln sind ja reif.
Klosterbruder.
Nehm' sich der Herr in Acht mit dieser Frucht.
Zu viel genossen taugt sie nicht; verstopft
Die Milz; macht melancholisches Geblüt.

Die Milz; macht melancholisches Geblüt → Seite 168

Tempelherr.
Wenn ich nun melancholisch gern mich fühlte? –
Doch dieser Warnung wegen wurdet Ihr
Mir doch nicht nachgeschickt?
Klosterbruder. O nein! – Ich soll
Mich nur nach Euch erkunden; auf den Zahn
Euch fühlen.

nach Euch erkunden Informationen über Euch einziehen

Tempelherr. Und das sagt Ihr mir so selbst?
Klosterbruder. Warum nicht?
Tempelherr. (Ein verschmitzter Bruder!) – Hat
Das Kloster Euresgleichen mehr?

verschmitzter schlauer, verschlagener

Klosterbruder. Weiß nicht.
Ich muss gehorchen, lieber Herr.
Tempelherr. Und da

Gehorcht Ihr denn auch ohne viel zu klügeln?

Klosterbruder. Wär's sonst gehorchen, lieber Herr?

Tempelherr. (Dass doch
Die Einfalt immer Recht behält!) – Ihr dürft
Mir doch auch wohl vertrauen, wer mich gern
Genauer kennen möchte? – Dass Ihr's selbst
Nicht seid, will ich wohl schwören.

Klosterbruder. Ziemte mir's?
Und frommte mir's?

Tempelherr. Wem ziemt und frommt es denn,
Dass er so neubegierig ist? Wem denn?

Klosterbruder. Dem Patriarchen; muss ich glauben. – Denn
Der sandte mich Euch nach.

Tempelherr. Der Patriarch!
Kennt der das rote Kreuz auf weißem Mantel
Nicht besser?

Klosterbruder. Kenn ja ich's!

Tempelherr. Nun, Bruder? nun? –
Ich bin ein Tempelherr; und ein gefangner. –
Setz ich hinzu: gefangen bei Tebnin,
Der Burg, die mit des Stillstands letzter Stunde
Wir gern erstiegen hätten, um sodann
Auf Sidon loszugehn; – setz ich hinzu:
Selbzwanzigster gefangen, und allein
Vom Saladin begnadiget: so weiß
Der Patriarch, was er zu wissen braucht; –
Mehr, als er braucht. –

Klosterbruder. Wohl aber schwerlich mehr,
Als er schon weiß. – Er wüsst auch gern, warum
Der Herr vom Saladin begnadigt worden;
Er ganz allein.

Tempelherr. Weiß ich das selber? – Schon
Den Hals entblößt, kniet ich auf meinem Mantel,

klügeln abwertend für: nachdenken, argumentieren

Einfalt Beschränktheit, Naivität

Ziemte mir's? Stünde es mir zu?

frommte mir's? nützte es mir (etwas)?

neubegierig neugierig

das rote Kreuz auf weißem Mantel → Seite 168

Tebnin → Seite 168

des Stillstands des Waffenstillstands, der 1192 geschlossen wurde

Sidon → Seite 168

Selbzwanzigster als Zwanzigster; in einer Gruppe mit neunzehn anderen

Den Streich erwartend: als mich schärfer Saladin
Ins Auge fasst, mir näher springt, und winkt.
Man hebt mich auf; ich bin entfesselt; will
Ihm danken; seh sein Aug in Tränen; stumm
Ist er, bin ich; er geht, ich bleibe. – Wie
Nun das zusammenhängt, enträtsle sich
Der Patriarche selbst.

Klosterbruder. Er schließt daraus,
Dass Gott zu großen, großen Dingen Euch
Müss' aufbehalten haben.

aufbehalten aufgehoben, auserwählt

Tempelherr. Ja, zu großen!
Ein Judenmädchen aus dem Feu'r zu retten;
Auf Sinai neugier'ge Pilger zu
Geleiten; und dergleichen mehr.

Sinai → Seite 169

Klosterbruder. Wird schon
Noch kommen! – Ist inzwischen auch nicht übel. –
Vielleicht hat selbst der Patriarch bereits
Weit wicht'gere Geschäfte für den Herrn.

inzwischen einstweilen

Tempelherr. So? meint Ihr, Bruder? – Hat er gar Euch schon
Was merken lassen?

Klosterbruder. Ei, jawohl! – Ich soll
Den Herrn nur erst ergründen, ob er so
Der Mann wohl ist.

ergründen ausforschen

Tempelherr. Nun ja; ergründet nur!
(Ich will doch sehn, wie der ergründet!) – Nun?

Klosterbruder.
Das Kürz'ste wird wohl sein, dass ich dem Herrn
Ganz gradezu des Patriarchen Wunsch
Eröffne.

Tempelherr. Wohl!

Klosterbruder. Er hätte durch den Herrn
Ein Briefchen gern bestellt.

bestellt übermittelt

Tempelherr. Durch mich? Ich bin

Kein Bote. – Das, das wäre das Geschäft,
Das weit glorreicher sei, als Judenmädchen
Dem Feu'r entreißen?

Klosterbruder. Muss doch wohl! denn – sagt
Der Patriarch – an diesem Briefchen sei
Der ganzen Christenheit sehr viel gelegen.
Dies Briefchen wohl bestellt zu haben, – sagt
Der Patriarch, – werd einst im Himmel Gott
Mit einer ganz besondern Krone lohnen.
Und dieser Krone, – sagt der Patriarch, –
Sei niemand würd'ger, als mein Herr.

Tempelherr. Als ich?

Klosterbruder. Denn diese Krone zu verdienen, – sagt
Der Patriarch, – sei schwerlich jemand auch
Geschickter, als mein Herr.

Tempelherr. Als ich?

Klosterbruder. Er sei
Hier frei; könn überall sich hier besehn;
Versteh, wie eine Stadt zu stürmen und
Zu schirmen; könne, – sagt der Patriarch, –
Die Stärk und Schwäche der von Saladin
Neu aufgeführten, innern, zweiten Mauer
Am besten schätzen, sie am deutlichsten
Den Streitern Gottes, sagt der Patriarch,
Beschreiben.

Tempelherr. Guter Bruder, wenn ich doch
Nun auch des Briefchens nähern Inhalt wüsste.

Klosterbruder.
Ja den, – den weiß ich nun wohl nicht so recht.
Das Briefchen aber ist an König Philipp. –
Der Patriarch – Ich hab mich oft gewundert,
Wie doch ein Heiliger, der sonst so ganz
Im Himmel lebt, zugleich so unterrichtet

besehn umsehen

schirmen beschützen, verteidigen

aufgeführten errichteten

innern, zweiten Mauer … in Jerusalem

Den Streitern Gottes Den Kreuzrittern

König Philipp → Seite 169

Von Dingen dieser Welt zu sein, herab
Sich lassen kann. Es muss ihm sauer werden.
Tempelherr. Nun dann? der Patriarch? –
Klosterbruder. Weiß ganz genau,
Ganz zuverlässig, wie und wo, wie stark,
Von welcher Seite Saladin, im Fall
Es völlig wieder losgeht, seinen Feldzug
Eröffnen wird.
Tempelherr. Das weiß er?
Klosterbruder. Ja und möcht
Es gern dem König Philipp wissen lassen:
Damit der ungefähr ermessen könne,
Ob die Gefahr denn gar so schrecklich, um
Mit Saladin den Waffenstillestand,
Den Euer Orden schon so brav gebrochen,
Es koste was es wolle, wiederher-
Zustellen.
Tempelherr. Welch ein Patriarch! – Ja so!
Der liebe tapfre Mann will mich zu keinem
Gemeinen Boten; er will mich – zum Spion. –
Sag deinem Patriarchen, guter Bruder,
So viel du mich ergründen können, wär
Das meine Sache nicht. – Ich müsse mich
Noch als Gefangenen betrachten; und
Der Tempelherren einziger Beruf
Sei mit dem Schwerte dreinzuschlagen, nicht
Kundschafterei zu treiben.
Klosterbruder. Dacht ich's doch! –
Will's auch dem Herrn nicht eben sehr verübeln. –
Zwar kömmt das Beste noch. – Der Patriarch
Hiernächst hat ausgegattert, wie die Feste
Sich nennt, und wo auf Libanon sie liegt,
In der die ungeheuern Summen stecken,

Es muss ihm sauer werden. Es muss ihm recht lästig sein.

Nun dann? Nun also? Und weiter?

völlig ernstlich, auf breiter Front

brav (ironisch) tapfer, wacker

Gemeinen Einfachen, gewöhnlichen

ausgegattert ausgekundschaftet, herausgefunden

Feste Festung

Mit welchen Saladins vorsicht'ger Vater
Das Heer besoldet, und die Zurüstungen
Des Kriegs bestreitet. Saladin verfügt
Von Zeit zu Zeit auf abgelegnen Wegen
Nach dieser Feste sich, nur kaum begleitet. –
Ihr merkt doch?

Tempelherr. Nimmermehr!

Klosterbruder. Was wäre da
Wohl leichter, als des Saladins sich zu
Bemächtigen? den Garaus ihm zu machen? –
Ihr schaudert? – O es haben schon ein paar
Gottsfürcht'ge Maroniten sich erboten,
Wenn nur ein wackrer Mann sie führen wolle,
Das Stück zu wagen.

Tempelherr. Und der Patriarch
Hätt auch zu diesem wackern Manne mich
Ersehn?

Klosterbruder. Er glaubt, dass König Philipp wohl
Von Ptolemais aus die Hand hierzu
Am besten bieten könne.

Tempelherr. Mir? mir, Bruder?
Mir? Habt Ihr nicht gehört? nur erst gehört,
Was für Verbindlichkeit dem Saladin
Ich habe?

Klosterbruder. Wohl hab ich's gehört.

Tempelherr. Und doch?

Klosterbruder.
Ja, – meint der Patriarch, – das wär schon gut:
Gott aber und der Orden …

Tempelherr. Ändern nichts!
Gebieten mir kein Bubenstück!

Klosterbruder. Gewiss nicht! –
Nur, – meint der Patriarch, – sei Bubenstück

Saladins vorsicht'ger Vater
→ Seite 169

Zurüstungen (militärischen) Vorbereitungen; Aufrüstung

verfügt begibt

Maroniten
→ Seite 169

Ptolemais
→ Seite 169

Bubenstück Schurkenstück

Vor Menschen, nicht auch Bubenstück vor Gott.
Tempelherr. Ich wär dem Saladin mein Leben schuldig:
Und raubt ihm seines?
Klosterbruder. Pfui! – Doch bliebe, – meint
Der Patriarch, – noch immer Saladin
Ein Feind der Christenheit, der Euer Freund
Zu sein, kein Recht erwerben könne.
Tempelherr. Freund?
An dem ich bloß nicht will zum Schurken werden;
Zum undankbaren Schurken?
Klosterbruder. Allerdings! –
Zwar, – meint der Patriarch, – des Dankes sei
Man quitt, vor Gott und Menschen quitt, wenn uns
Der Dienst um unsertwillen nicht geschehen.
Und da verlauten wolle, – meint der Patriarch, –
Dass Euch nur darum Saladin begnadet,
Weil ihm in Eurer Mien', in Euerm Wesen,
So was von seinem Bruder eingeleuchtet ...
Tempelherr. Auch dieses weiß der Patriarch; und doch? –
Ah! wäre das gewiss! Ah, Saladin! –
Wie? die Natur hätt auch nur Einen Zug
Von mir in deines Bruders Form gebildet:
Und dem entspräche nichts in meiner Seele?
Was dem entspräche, könnt ich unterdrücken,
Um einem Patriarchen zu gefallen? –
Natur, so leugst du nicht! So widerspricht
Sich Gott in seinen Werken nicht! – Geht Bruder! –
Erregt mir meine Galle nicht!– Geht! geht!
Klosterbruder. Ich geh; und geh vergnügter, als ich kam.
Verzeihe mir der Herr. Wir Klosterleute
Sind schuldig, unsern Obern zu gehorchen.

des Dankes ... quitt des Dankes ... frei, zu keinem Dank verpflichtet

begnadet begnadigt

eingeleuchtet auffiel, erschien

leugst lügst

Erregt mir meine Galle nicht! → Seite 169

Sechster Auftritt.

Der **Tempelherr** *und* **Daja,** *die den Tempelherrn schon eine Zeit lang von weiten beobachtet hatte, und sich nun ihm nähert.*

Daja. Der Klosterbruder, wie mich dünkt, ließ in
Der besten Laun ihn nicht. – Doch muss ich mein
Paket nur wagen.
Tempelherr. Nun, vortrefflich! – Lügt
Das Sprichwort wohl: dass Mönch und Weib, und Weib
Und Mönch des Teufels beide Krallen sind?
Er wirft mich heut aus einer in die andre.
Daja. Was seh ich? – Edler Ritter, Euch? – Gott Dank!
Gott tausend Dank! – Wo habt Ihr denn
Die ganze Zeit gesteckt? – Ihr seid doch wohl
Nicht krank gewesen?
Tempelherr. Nein.
Daja. Gesund doch?
Tempelherr. Ja.
Daja. Wir waren Euertwegen wahrlich ganz
Bekümmert.
Tempelherr. So?
Daja. Ihr wart gewiss verreist?
Tempelherr. Erraten!
Daja. Und kommt heut erst wieder?
Tempelherr. Gestern.
Daja. Auch Rechas Vater ist heut angekommen.
Und nun darf Recha doch wohl hoffen?
Tempelherr. Was?
Daja. Warum sie Euch so öfters bitten lassen.
Ihr Vater ladet Euch nun selber bald
Aufs Dringlichste. Er kömmt von Babylon;
Mit zwanzig hochbeladenen Kamelen,

mein / Paket nur wagen etwas riskieren, versuchen (vgl. frz. ›risquer le paquet‹: ›es auf gut Glück wagen‹)

Spezereien Gewürzen

Und allem, was an edeln Spezereien,
An Steinen und an Stoffen, Indien
Und Persien und Syrien, gar Sina,
Kostbares nur gewähren.

Sina alte Bezeichnung für China

Tempelherr. Kaufe nichts.
Daja. Sein Volk verehret ihn als einen Fürsten.
Doch dass es ihn den Weisen Nathan nennt,
Und nicht vielmehr den Reichen, hat mich oft
Gewundert.
Tempelherr. Seinem Volk ist reich und weise
Vielleicht das Nämliche.

das Nämliche dasselbe

Daja. Vor allen aber
Hätt's ihn den Guten nennen müssen. Denn
Ihr stellt Euch gar nicht vor, wie gut er ist.
Als er erfuhr, wie viel Euch Recha schuldig,
Was hätt, in diesem Augenblicke, nicht
Er alles Euch getan, gegeben!
Tempelherr. Ei!
Daja. Versucht's und kommt und seht!
Tempelherr. Was denn? wie schnell
Ein Augenblick vorüber ist?
Daja. Hätt ich,
Wenn er so gut nicht wär, es mir so lange
Bei ihm gefallen lassen? Meint Ihr etwa,
Ich fühle meinen Wert als Christin nicht?
Auch mir ward's vor der Wiege nicht gesungen,
Dass ich nur darum meinem Ehgemahl
Nach Palästina folgen würd, um da
Ein Judenmädchen zu erziehn. Es war
Mein lieber Ehgemahl ein edler Knecht
In Kaiser Friedrichs Heere –
Tempelherr. Von Geburt
Ein Schweizer, dem die Ehr und Gnade ward

ein edler Knecht ein Angehöriger des niederen Adels im Kriegsdienst

Mit Seiner Kaiserlichen Majestät
In einem Flusse zu ersaufen. – Weib!
Wie viel Mal habt Ihr mir das schon erzählt?
Hört Ihr denn gar nicht auf mich zu verfolgen?

In Kaiser Friedrichs Heere … In einem Flusse zu ersaufen → Seite 169

Daja. Verfolgen! lieber Gott!
Tempelherr. Ja, ja, verfolgen.
Ich will nun einmal Euch nicht weiter sehn!
Nicht hören! Will von Euch an eine Tat
Nicht fort und fort erinnert sein, bei der
Ich nichts gedacht; die, wenn ich drüber denke,
Zum Rätsel von mir selbst mir wird. Zwar möcht
Ich sie nicht gern bereuen. Aber seht;
Eräugnet so ein Fall sich wieder: Ihr
Seid schuld, wenn ich so rasch nicht handle; wenn
Ich mich vorher erkund, – und brennen lasse,
Was brennt.

Eräugnet Ereignet

erkund erkundige

Daja. Bewahre Gott!
Tempelherr. Von heut an tut
Mir den Gefallen wenigstens, und kennt
Mich weiter nicht. Ich bitt Euch drum. Auch lasst
Den Vater mir vom Halse. Jud ist Jude.
Ich bin ein plumper Schwab. Des Mädchens Bild
Ist längst aus meiner Seele; wenn es je
Da war.

ein plumper Schwab ein einfacher, simpler Schwabe

Daja. Doch Eures ist aus ihrer nicht.
Tempelherr. Was soll's nun aber da? was soll's?
Daja. Wer weiß!
Die Menschen sind nicht immer, wie sie scheinen.
Tempelherr. Doch selten etwas Bessers.
Er geht.
Daja. Wartet doch!
Was eilt Ihr?
Tempelherr. Weib, macht mir die Palmen nicht

Verhasst, worunter ich so gern sonst wandle.

Daja. So geh, du deutscher Bär! so geh! – Und doch
Muss ich die Spur des Tieres nicht verlieren.
Sie geht ihm von weiten nach.

Muss Darf (in dieser Bedeutung noch öfter)

3. Aufzug: Derwisch ist seit kurzem Schatzmeister beim Sultan und will dass Nathan Darleben mit Zinsen leiht.

5. Aufzug: Klosterbruder sucht Tempelherrn auf, da er Auftrag vom Patriachen hat. Der Tempelherr soll Brief an den König Philip überbringen, indem geheime Kriegspläne vom Sultan drin stehen.

Zweiter Aufzug.

Erster Auftritt.

Die Szene: des Sultans Palast.
Saladin *und* **Sittah** *spielen Schach.*

Sittah. Wo bist du, Saladin? Wie spielst du heut?
Saladin. Nicht gut? Ich dächte doch.
Sittah. Für mich; und kaum.
Nimm diesen Zug zurück.
Saladin. Warum?
Sittah. Der Springer
Wird unbedeckt.

Wird unbedeckt Ist sonst nicht mehr gedeckt

Saladin. Ist wahr. Nun so!
Sittah. So zieh
Ich in die Gabel.

die Gabel Schachzug, bei dem zwei gegnerische Figuren zugleich bedroht werden

Saladin. Wieder wahr. – Schach dann!
Sittah. Was hilft dir das? Ich setze vor: und du
Bist, wie du warst.

setze vor setze eine Figur als Deckung vor den angegriffenen König

Saladin. Aus dieser Klemme, seh
Ich wohl, ist ohne Buße nicht zu kommen.
Mag's! nimm den Springer nur.
Sittah. Ich will ihn nicht.
Ich geh vorbei.
Saladin. Du schenkst mir nichts. Dir liegt
An diesem Platze mehr, als an dem Springer.
Sittah. Kann sein.
Saladin. Mach deine Rechnung nur nicht ohne
Den Wirt. Denn sieh! Was gilt's, das warst du nicht
Vermuten.

das warst du nicht / Vermuten das hast du nicht vermutet, nicht erwartet

Sittah. Freilich nicht. Wie konnt ich auch
Vermuten, dass du deiner Königin

So müde wärst?
Saladin. Ich meiner Königin?
Sittah. Ich seh nun schon: ich soll heut meine tausend
Dinar', kein Naserinchen mehr gewinnen.

Dinar' arabische Goldmünzen

Saladin. Wieso?
Sittah. Frag noch! – Weil du mit Fleiß, mit aller
Gewalt verlieren willst. – Doch dabei find
Ich meine Rechnung nicht. Denn außer, dass
Ein solches Spiel das unterhaltendste
Nicht ist: gewann ich immer nicht am meisten
Mit dir, wenn ich verlor? Wenn hast du mir
Den Satz, mich des verlornen Spieles wegen
Zu trösten, doppelt nicht hernach geschenkt?

Naserinchen → Seite 169

mit Fleiß mit Absicht, vorsätzlich

Satz Einsatz

Saladin. Ei sieh! so hättest du ja wohl, wenn du
Verlorst, mit Fleiß verloren, Schwesterchen?
Sittah. Zum wenigsten kann gar wohl sein, dass deine
Freigebigkeit, mein liebes Brüderchen,
Schuld ist, dass ich nicht besser spielen lernen.

Zum wenigsten Zumindest, wenigstens

Saladin. Wir kommen ab vom Spiele. Mach ein Ende!
Sittah. So bleibt es? Nun dann: Schach! und doppelt Schach!
Saladin. Nun freilich; dieses Abschach hab ich nicht
Gesehn, das meine Königin zugleich
Mit niederwirft.
Sittah. War dem noch abzuhelfen?
Lass sehn.

doppelt Schach! Schachzug, mit dem König und Dame zugleich bedroht werden

Abschach → Seite 169

Saladin. Nein, nein; nimm nur die Königin.
Ich war mit diesem Steine nie recht glücklich.
Sittah. Bloß mit dem Steine?
Saladin. Fort damit! – Das tut
Mir nichts. Denn so ist alles wiederum
Geschützt.
Sittah. Wie höflich man mit Königinnen
Verfahren müsse: hat mein Bruder mich

Wie höflich … müsse → Seite 170

Zu wohl gelehrt. *Sie lässt sie stehen.*
Saladin. Nimm, oder nimm sie nicht!
Ich habe keine mehr.
Sittah. Wozu sie nehmen?
Schach! – Schach!
Saladin. Nur weiter.
Sittah. Schach! – und Schach! – und Schach! –
Saladin. Und matt!
Sittah. Nicht ganz; du ziehst den Springer noch
Dazwischen; oder was du machen willst.
Gleichviel!
Saladin. Ganz recht! – Du hast gewonnen: und
Al-Hafi zahlt. – Man lass ihn rufen! gleich! –
Du hattest, Sittah, nicht so unrecht; ich
War nicht so ganz beim Spiele; war zerstreut.
Und dann: wer gibt uns denn die glatten Steine
Beständig? die an nichts erinnern, nichts
Bezeichnen. Hab ich mit dem Iman denn
Gespielt? – Doch was? Verlust will Vorwand. Nicht
Die ungeformten Steine, Sittah, sind's
Die mich verlieren machten: deine Kunst,
Dein ruhiger und schneller Blick ...
Sittah. Auch so
Willst du den Stachel des Verlusts nur stumpfen.
Genug, du warst zerstreut; und mehr als ich.
Saladin. Als du? Was hätte dich zerstreuet?
Sittah. Deine
Zerstreuung freilich nicht! – O Saladin,
Wenn werden wir so fleißig wieder spielen!
Saladin. So spielen wir um so viel gieriger! –
Ah! weil es wieder losgeht, meinst du? – Mag's! –
Nur zu! – Ich habe nicht zuerst gezogen;
Ich hätte gern den Stillestand aufs Neue

matt!
→ Seite 170

Gleichviel!
Einerlei! Egal! Wie auch immer!

die glatten Steine
→ Seite 170

Beständig
Immer, ständig

Iman
→ Seite 170

Vorwand
Ausrede, Entschuldigung, Rechtfertigung

stumpfen
mildern

gieriger
eifriger

Stillestand
der Waffenstillstand von 1192

Verlängert; hätte meiner Sittah gern,
Gern einen guten Mann zugleich verschafft.
Und das muss Richards Bruder sein: er ist
Ja Richards Bruder.

Richards Bruder → Seite 170

Sittah. Wenn du deinen Richard
Nur loben kannst!

deinen Richard → Seite 170

Saladin. Wenn unserm Bruder Melek
Dann Richards Schwester wär zu Teile worden:
Ha! welch ein Haus zusammen! Ha, der ersten,
Der besten Häuser in der Welt das beste! –
Du hörst, ich bin mich selbst zu loben, auch
Nicht faul. Ich dünk mich meiner Freunde wert. –
Das hätte Menschen geben sollen! das!

zu Teile worden → Seite 170

Sittah. Hab ich des schönen Traums nicht gleich gelacht?
Du kennst die Christen nicht, willst sie nicht kennen.
Ihr Stolz ist: Christen sein; nicht Menschen. Denn
Selbst das, was, noch von ihrem Stifter her,
Mit Menschlichkeit den Aberglauben wirzt,
Das lieben sie, nicht weil es menschlich ist:
Weil's Christus lehrt; weil's Christus hat getan. –
Wohl ihnen, dass er ein so guter Mensch
Noch war! Wohl ihnen, dass sie seine Tugend
Auf Treu und Glaube nehmen können! – Doch
Was Tugend? – Seine Tugend nicht; sein Name
Soll überall verbreitet werden; soll
Die Namen aller guten Menschen schänden,
Verschlingen. Um den Namen, um den Namen
Ist ihnen nur zu tun.

wirzt würzt, anreichert

um den Namen / Ist ihnen nur zu tun → Seite 170

Saladin. Du meinst: warum
Sie sonst verlangen würden, dass auch ihr,
Auch du und Melek, Christen hießet, eh
Als Ehgemahl ihr Christen lieben wolltet?

Sittah. Jawohl! Als wär von Christen nur, als Christen,

Die Liebe zu gewärtigen, womit
Der Schöpfer Mann und Männin ausgestattet!

Saladin. Die Christen glauben mehr Armseligkeiten,
Als dass sie die nicht auch noch glauben könnten! –
Und gleichwohl irrst du dich. – Die Tempelherren,
Die Christen nicht, sind schuld: sind nicht, als Christen,
Als Tempelherren schuld. Durch die allein
Wird aus der Sache nichts. Sie wollen Acca,
Das Richards Schwester unserm Bruder Melek
Zum Brautschatz bringen müsste, schlechterdings
Nicht fahren lassen. Dass des Ritters Vorteil
Gefahr nicht laufe, spielen sie den Mönch,
Den albern Mönch. Und ob vielleicht im Fluge
Ein guter Streich gelänge: haben sie
Des Waffenstillestandes Ablauf kaum
Erwarten können. – Lustig! Nur so weiter!
Ihr Herren, nur so weiter! – Mir schon recht! –
Wär alles sonst nur, wie es müsste.

Sittah. Nun?
Was irrte dich denn sonst? Was könnte sonst
Dich aus der Fassung bringen?

Saladin. Was von je
Mich immer aus der Fassung hat gebracht. –
Ich war auf Libanon, bei unserm Vater.
Er unterlieget fast den Sorgen …

Sittah. Armer Mann!

Saladin. Er kann nicht durch; es klemmt sich allerorten;
Es fehlt bald da, bald dort –

Sittah. Was klemmt? was fehlt?

Saladin. Was sonst, als was ich kaum zu nennen würd'ge?
Was, wenn ich's habe, mir so überflüssig,
Und hab ich's nicht, so unentbehrlich scheint. –
Wo bleibt Al-Hafi denn? Ist niemand nach

gewärtigen erwarten

Männin Frau → Seite 170

Acca → Seite 170

schlechterdings einfach

Ablauf Ende

irrte beunruhigte, irritierte

klemmt sich stockt

Ihm aus? – Das leidige, verwünschte Geld! –
Gut, Hafi, dass du kömmst.

Zweiter Auftritt.

Der Derwisch Al-Hafi. Saladin. Sittah.

Al-Hafi. Die Gelder aus
Ägypten sind vermutlich angelangt.
Wenn's nur fein viel ist.
Saladin. Hast du Nachricht?
Al-Hafi. Ich?
Ich nicht. Ich denke, dass ich hier sie in
Empfang soll nehmen.
Saladin. Zahl an Sittah tausend
Dinare! *In Gedanken hin und her gehend.*
Al-Hafi. Zahl! anstatt, empfang! O schön!
Das ist für Was noch weniger als Nichts. –
An Sittah? – wiederum an Sittah? Und
Verloren? – wiederum im Schach verloren? –
Da steht es noch das Spiel!
Sittah. Du gönnst mir doch
Mein Glück?
Al-Hafi *das Spiel betrachtend.*
Was gönnen? Wenn – Ihr wisst ja wohl.
Sittah *ihm winkend.*
Bst! Hafi! bst!
Al-Hafi *noch auf das Spiel gerichtet.*
Gönnt's Euch nur selber erst!
Sittah. Al-Hafi! bst!
Al-Hafi *zu Sittah.* Die Weißen waren Euer?
Ihr bietet Schach?

Sittah. Gut, dass er nichts gehört!
Al-Hafi. Nun ist der Zug an ihm?
Sittah *ihm näher tretend.* So sage doch,
Dass ich mein Geld bekommen kann.
Al-Hafi *noch auf das Spiel geheftet.* Nun ja;
Ihr sollt's bekommen, wie Ihr's stets bekommen.
Sittah. Wie? bist du toll?
Al-Hafi. Das Spiel ist ja nicht aus.
Ihr habt ja nicht verloren, Saladin.
Saladin *kaum hinhörend.*
Doch! doch! Bezahl! bezahl!
Al-Hafi. Bezahl! bezahl!
Da steht ja Eure Königin.
Saladin *noch so.* Gilt nicht;
Gehört nicht mehr ins Spiel.
Sittah. So mach, und sag,
Dass ich das Geld mir nur kann holen lassen.
Al-Hafi *noch immer in das Spiel vertieft.*
Versteht sich, so wie immer. – Wenn auch schon;
Wenn auch die Königin nichts gilt: Ihr seid
Doch darum noch nicht matt.
Saladin *tritt hinzu und wirft das Spiel um.* Ich bin es; will
Es sein.
Al-Hafi. Ja so! – Spiel wie Gewinst! So wie
Gewonnen, so bezahlt.
Saladin *zu Sittah.* Was sagt er? was?
Sittah *von Zeit zu Zeit dem Hafi winkend.*
Du kennst ihn ja. Er sträubt sich gern; lässt gern
Sich bitten; ist wohl gar ein wenig neidisch. –
Saladin. Auf dich doch nicht? Auf meine Schwester nicht? –
Was hör ich, Hafi? Neidisch? du?
Al-Hafi. Kann sein!
Kann sein! – Ich hätt ihr Hirn wohl lieber selbst;

ihm näher tretend näher an ihn herantretend

toll verrückt

noch so noch immer unaufmerksam (vgl. die Regiebemerkung vier Zeilen weiter oben)

Wär lieber selbst so gut, als sie.

Sittah. Indes
Hat er doch immer richtig noch bezahlt.
Und wird auch heut bezahlen. Lass ihn nur! –
Geh nur, Al-Hafi, geh! Ich will das Geld
Schon holen lassen.

Al-Hafi. Nein; ich spiele länger
Die Mummerei nicht mit. Er muss es doch
Einmal erfahren.

Mummerei Verstellung, Maskierung, Versteckspiel

Saladin. Wer? und was?

Sittah. Al-Hafi!
Ist dieses dein Versprechen? Hältst du so
Mir Wort?

Al-Hafi. Wie konnt' ich glauben, dass es so
Weit gehen würde.

Saladin. Nun? erfahr ich nichts?

Sittah. Ich bitte dich, Al-Hafi; sei bescheiden.

bescheiden diskret, zurückhaltend

Saladin. Das ist doch sonderbar! Was könnte Sittah
So feierlich, so warm bei einem Fremden,
Bei einem Derwisch lieber, als bei mir,
Bei ihrem Bruder sich verbitten wollen.
Al-Hafi, nun befehl ich. – Rede, Derwisch!

verbitten erbitten

Sittah. Lass eine Kleinigkeit, mein Bruder, dir
Nicht nähertreten, als sie würdig ist.
Du weißt, ich habe zu verschiednen Malen
Dieselbe Summ im Schach von dir gewonnen.
Und weil ich itzt das Geld nicht nötig habe;
Weil itzt in Hafis Kasse doch das Geld
Nicht eben allzu häufig ist: so sind
Die Posten stehn geblieben. Aber sorgt
Nur nicht! Ich will sie weder dir, mein Bruder,
Noch Hafi, noch der Kasse schenken.

Al-Hafi. Ja,

Wenn's das nur wäre! das!

Sittah. Und mehr dergleichen. –
Auch das ist in der Kasse stehn geblieben,
Was du mir einmal ausgeworfen; ist
Seit wenig Monden stehn geblieben.

Al-Hafi. Noch
Nicht alles.

Saladin. Noch nicht? – Wirst du reden?

Al-Hafi. Seit aus Ägypten wir das Geld erwarten,
Hat sie ...

Sittah *zu Saladin.* Wozu ihn hören?

Al-Hafi. Nicht nur Nichts
Bekommen ...

Saladin. Gutes Mädchen! – Auch beiher
Mit vorgeschossen. Nicht?

Al-Hafi. Den ganzen Hof
Erhalten; Euern Aufwand ganz allein
Bestritten.

Saladin. Ha! das, das ist meine Schwester! *Sie umarmend.*

Sittah. Wer hatte, dies zu können, mich so reich
Gemacht, als du, mein Bruder?

Al-Hafi. Wird schon auch
So bettelarm sie wieder machen, als
Er selber ist.

Saladin. Ich arm? der Bruder arm?
Wenn hab ich mehr? wenn weniger gehabt? –
Ein Kleid, Ein Schwert, Ein Pferd, – und Einen Gott!
Was brauch ich mehr? Wenn kann's an dem mir fehlen?
Und doch, Al-Hafi, könnt ich mit dir schelten.

Sittah. Schilt nicht, mein Bruder. Wenn ich unserm Vater
Auch seine Sorgen so erleichtern könnte!

Saladin. Ah! Ah! Nun schlägst du meine Freudigkeit
Auf einmal wieder nieder! – Mir, für mich

ausgeworfen als regelmäßige Zahlung eingeräumt

wenig Monden wenigen Monaten

beiher nebenher, nebenbei

Ein Kleid ... Einen Gott! → Seite 170

Fehlt nichts, und kann nichts fehlen. Aber ihm,
Ihm fehlet; und in ihm uns allen. – Sagt,
Was soll ich machen? – Aus Ägypten kommt
Vielleicht noch lange nichts. Woran das liegt,
Weiß Gott. Es ist doch da noch alles ruhig. –
Abbrechen, einziehn, sparen, will ich gern,
Mir gern gefallen lassen; wenn es mich,
Bloß mich betrifft; bloß mich, und niemand sonst
Darunter leidet. – Doch was kann das machen?
Ein Pferd, Ein Kleid, Ein Schwert, muss ich doch haben.
Und meinem Gott ist auch nichts abzudingen.
Ihm g'nügt schon so mit wenigen genug;
Mit meinem Herzen. – Auf den Überschuss
Von deiner Kasse, Hafi, hatt ich sehr
Gerechnet.

Al-Hafi. Überschuss? – Sagt selber, ob
Ihr mich nicht hättet spießen, wenigstens
Mich hängen lassen, wenn auf Überschuss
Ich von Euch wär ergriffen worden. Ja,
Auf Unterschleif! das war zu wagen.

Saladin. Nun,
Was machen wir denn aber? – Konntest du
Vorerst bei niemand andern borgen, als
Bei Sittah?

Sittah. Würd ich dieses Vorrecht, Bruder,
Mir haben nehmen lassen? Mir von ihm?
Auch noch besteh ich drauf. Noch bin ich auf
Dem Trocknen völlig nicht.

Saladin. Nur völlig nicht!
Das fehlte noch! – Geh gleich, mach Anstalt, Hafi!
Nimm auf bei wem du kannst! und wie du kannst!
Geh, borg, versprich. – Nur, Hafi, borge nicht
Bei denen, die ich reich gemacht. Denn borgen

Abbrechen Mich einschränken, mir etwas versagen

einziehn meinen Aufwand verringern

machen ausmachen

abzudingen abzuhandeln

spießen aufspießen; sehr grausame Hinrichtungsart

Unterschleif Unterschlagung

das war zu wagen → Seite 171

auf / Dem Trocknen völlig nicht nicht völlig ohne Geld, nicht ganz mittellos

mach Anstalt reg dich, unternimm etwas

Von diesen, möchte wiederfodern heißen.
Geh zu den Geizigsten; die werden mir
Am liebsten leihen. Denn sie wissen wohl,
Wie gut ihr Geld in meinen Händen wuchert.
Al-Hafi. Ich kenne deren keine.
Sittah. Eben fällt
Mir ein, gehört zu haben, Hafi, dass
Dein Freund zurückgekommen.
Al-Hafi *betroffen.* Freund? mein Freund?
Wer wär denn das?
Sittah. Dein hochgepriesner Jude.
Al-Hafi. Gepriesner Jude? hoch von mir?
Sittah. Dem Gott, –
Mich denkt des Ausdrucks noch recht wohl, des einst
Du selber dich von ihm bedientest, – dem
Sein Gott von allen Gütern dieser Welt
Das Kleinst' und Größte so in vollem Maß
Erteilet habe. –
Al-Hafi. Sagt' ich so? – Was meint'
Ich denn damit?
Sittah. Das Kleinste: Reichtum. Und
Das Größte: Weisheit.
Al-Hafi. Wie? von einem Juden?
Von einem Juden hätt ich das gesagt?
Sittah. Das hättest du von deinem Nathan nicht
Gesagt?
Al-Hafi. Ja so! von dem! vom Nathan! – Fiel
Mir der doch gar nicht bei. – Wahrhaftig? Der
Ist endlich wieder heimgekommen? Ei!
So mag's doch gar so schlecht mit ihm nicht stehn. –
Ganz recht: den nannt einmal das Volk den Weisen!
Den Reichen auch.
Sittah. Den Reichen nennt es ihn

wiederfodern zurückfordern
wuchert Zinsen einbringt
Mich denkt Ich erinnere mich
Fiel … bei Fiel … ein

Itzt mehr als je. Die ganze Stadt erschallt,
Was er für Kostbarkeiten, was für Schätze,
Er mitgebracht.

Al-Hafi. Nun, ist's der Reiche wieder:
So wird's auch wohl der Weise wieder sein.

Sittah. Was meinst du, Hafi, wenn du diesen angingst?

Al-Hafi. Und was bei ihm? – Doch wohl nicht borgen? – Ja,
Da kennt Ihr ihn. – Er borgen! – Seine Weisheit
Ist eben, dass er niemand borgt.

Sittah. Du hast
Mir sonst doch ganz ein ander Bild von ihm
Gemacht.

Al-Hafi. Zur Not wird er Euch Waren borgen.
Geld aber, Geld? Geld nimmermehr! – Es ist
Ein Jude freilich übrigens, wie's nicht
Viel Juden gibt. Er hat Verstand; er weiß
Zu leben; spielt gut Schach. Doch zeichnet er
Im Schlechten sich nicht minder, als im Guten
Von allen andern Juden aus. – Auf den,
Auf den nur rechnet nicht. – Den Armen gibt
Er zwar; und gibt vielleicht trotz Saladin.
Wenn schon nicht ganz so viel: doch ganz so gern;
Doch ganz so sonder Ansehn. Jud und Christ
Und Muselmann und Parsi, alles ist
Ihm eins.

Sittah. Und so ein Mann ...

Saladin. Wie kommt es denn,
Dass ich von diesem Manne nie gehört? ...

Sittah. Der sollte Saladin nicht borgen? nicht
Dem Saladin, der nur für andre braucht,
Nicht sich?

Al-Hafi. Da seht nun gleich den Juden wieder;
Den ganz gemeinen Juden! – Glaubt mir's doch! –

minder weniger

trotz Saladin ebenso wie Saladin

sonder Ansehn ohne Ansehen der Person; ohne jemanden zu bevorzugen oder zu benachteiligen

Parsi → Seite 171

Nicht sich? Nicht für sich?

gemeinen gewöhnlichen

Er ist aufs Geben Euch so eifersüchtig,
So neidisch! Jedes Lohn von Gott, das in
Der Welt gesagt wird, zög er lieber ganz
Allein. Nur darum eben leiht er keinem,
Damit er stets zu geben habe. Weil
Die Mild ihm im Gesetz geboten; die
Gefälligkeit ihm aber nicht geboten: macht
Die Mild ihn zu dem ungefälligsten
Gesellen auf der Welt. Zwar bin ich seit
Geraumer Zeit ein wenig übern Fuß
Mit ihm gespannt; doch denkt nur nicht, dass ich
Ihm darum nicht Gerechtigkeit erzeige.
Er ist zu allem gut: bloß dazu nicht;
Bloß dazu wahrlich nicht. Ich will auch gleich
Nur gehn, an andre Türen klopfen ... Da
Besinn ich mich soeben eines Mohren,
Der reich und geizig ist. – Ich geh; ich geh.

Sittah. Was eilst du, Hafi?

Saladin. Lass ihn! lass ihn!

Lohn von Gott Dankesformel: Gott lohne (vergelte) es dir

zög er zöge er ... ein, empfinge er

Gesetz → Seite 171

bin ... übern Fuß / Mit ihm gespannt stehe mit ihm auf gespanntem Fuß, bin mit ihm über vieles uneinig

Mohren schwarzhäutigen, aus Afrika stammenden Mauren

Dritter Auftritt.

Sittah. Saladin.

Sittah. Eilt
Er doch, als ob er mir nur gern entkäme! –
Was heißt das? – Hat er wirklich sich in ihm
Betrogen, oder – möcht er uns nur gern
Betriegen?

Saladin. Wie? das fragst du mich? Ich weiß
Ja kaum, von wem die Rede war; und höre
Von euerm Juden, euerm Nathan, heut

Betrogen Getäuscht

Betriegen Betrügen

Zum ersten Mal.

Sittah. Ist's möglich? dass ein Mann
Dir so verborgen blieb, von dem es heißt,
Er habe Salomons und Davids Gräber
Erforscht, und wisse deren Siegel durch
Ein mächtiges geheimes Wort zu lösen?
Aus ihnen bring er dann von Zeit zu Zeit
Die unermesslichen Reichtümer an
Den Tag, die keinen mindern Quell verrieten.

Er habe Salomons und Davids Gräber … zu lösen? → Seite 171

Saladin. Hat seinen Reichtum dieser Mann aus Gräbern,
So waren's sicherlich nicht Salomons,
Nicht Davids Gräber. Narren lagen da
Begraben!

Sittah. Oder Bösewichter! – Auch
Ist seines Reichtums Quelle weit ergiebiger,
Weit unerschöpflicher, als so ein Grab
Voll Mammon.

Saladin. Denn er handelt; wie ich hörte.

Sittah. Sein Saumtier treibt auf allen Straßen, zieht
Durch alle Wüsten; seine Schiffe liegen
In allen Häfen. Das hat mir wohl eh
Al-Hafi selbst gesagt; und voll Entzücken
Hinzugefügt, wie groß, wie edel dieser
Sein Freund anwende, was so klug und emsig
Er zu erwerben für zu klein nicht achte:
Hinzugefügt, wie frei von Vorurteilen
Sein Geist; sein Herz wie offen jeder Tugend,
Wie eingestimmt mit jeder Schönheit sei.

Mammon Reichtum, Geld (von chaldäisch ›mammôn‹)

Saumtier Lasttier

eh früher

eingestimmt im Einklang, in Harmonie

Saladin. Und itzt sprach Hafi doch so ungewiss,
So kalt von ihm.

Sittah. Kalt nun wohl nicht; verlegen.
Als halt er's für gefährlich, ihn zu loben,
Und woll ihn unverdient doch auch nicht tadeln. –

Wie? oder wär es wirklich so, dass selbst
Der Beste seines Volkes seinem Volke
Nicht ganz entfliehen kann? dass wirklich sich
Al-Hafi seines Freunds von dieser Seite
Zu schämen hätte? – Sei dem, wie ihm wolle! –
Der Jude sei mehr oder weniger
Als Jud, ist er nur reich: genug für uns!

Saladin. Du willst ihm aber doch das Seine mit
Gewalt nicht nehmen, Schwester?

Sittah. Ja, was heißt
Bei dir Gewalt? Mit Feu'r und Schwert? Nein, nein.
Was braucht es mit den Schwachen für Gewalt,
Als ihre Schwäche? – Komm vor itzt nur mit
In meinen Haram, eine Sängerin
Zu hören, die ich gestern erst gekauft.
Es reift indes bei mir vielleicht ein Anschlag,
Den ich auf diesen Nathan habe. – Komm!

vor itzt einstweilen

Haram Harem → Seite 171

Anschlag Plan, Vorhaben

Vierter Auftritt.

Szene: vor dem Hause des Nathan, wo es an die Palmen stößt.

Recha *und* **Nathan** *kommen heraus. Zu ihnen* **Daja.**

Recha. Ihr habt Euch sehr verweilt, mein Vater. Er
Wird kaum noch mehr zu treffen sein.

Nathan. Nun, nun;
Wenn hier, hier untern Palmen schon nicht mehr:
Doch anderwärts. – Sei itzt nur ruhig. – Sieh!
Kömmt dort nicht Daja auf uns zu?

Recha. Sie wird
Ihn ganz gewiss verloren haben.

sehr verweilt lange aufgehalten

Nathan. Auch
Wohl nicht.
Recha. Sie würde sonst geschwinder kommen.
Nathan. Sie hat uns wohl noch nicht gesehn ...
Recha. Nun sieht
Sie uns.
Nathan. Und doppelt ihre Schritte. Sieh! –
Sei doch nur ruhig! ruhig!

doppelt verdoppelt

Recha. Wolltet Ihr
Wohl eine Tochter, die hier ruhig wäre?
Sich unbekümmert ließe, wessen Wohltat
Ihr Leben sei? Ihr Leben, – das ihr nur
So lieb, weil sie es Euch zuerst verdanket.

Sich unbekümmert ließe Sich nicht interessiert daran zeigte

Nathan. Ich möchte dich nicht anders, als du bist:
Auch wenn ich wüsste, dass in deiner Seele
Ganz etwas anders noch sich rege.
Recha. Was,
Mein Vater?
Nathan. Fragst du mich? so schüchtern mich?
Was auch in deinem Innern vorgeht, ist
Natur und Unschuld. Lass es keine Sorge
Dir machen. Mir, mir macht es keine. Nur
Versprich mir: wenn dein Herz vernehmlicher
Sich einst erklärt, mir seiner Wünsche keinen
Zu bergen.

bergen verbergen

Recha. Schon die Möglichkeit, mein Herz
Euch lieber zu verhüllen, macht mich zittern.
Nathan. Nichts mehr hiervon! Das ein für alle Mal
Ist abgetan. – Da ist ja Daja. – Nun?
Daja. Noch wandelt er hier untern Palmen; und
Wird gleich um jene Mauer kommen. – Seht,
Da kömmt er!
Recha. Ah! und scheinet unentschlossen,

Wohin? ob weiter? ob hinab? ob rechts?
Ob links?
Daja. Nein, nein; er macht den Weg ums Kloster
Gewiss noch öfter; und denn muss er hier
Vorbei. – Was gilt's?

Was gilt's? Was gilt die Wette?

Recha. Recht! recht! – Hast du ihn schon
Gesprochen? Und wie ist er heut?
Daja. Wie immer.
Nathan. So macht nur, dass er euch hier nicht gewahr
Wird. Tretet mehr zurück. Geht lieber ganz
Hinein.
Recha. Nur einen Blick noch! – Ah! die Hecke,
Die mir ihn stiehlt.
Daja. Kommt! kommt! Der Vater hat
Ganz recht. Ihr lauft Gefahr, wenn er Euch sieht,
Dass auf der Stell er umkehrt.
Recha. Ah! die Hecke!
Nathan. Und kömmt er plötzlich dort aus ihr hervor:
So kann er anders nicht, er muss euch sehn.
Drum geht doch nur!
Daja. Kommt! kommt! Ich weiß ein Fenster,
Aus dem wir sie bemerken können.

bemerken beobachten

Recha. Ja?
Beide hinein.

Fünfter Auftritt.

Nathan *und bald darauf der* **Tempelherr.**

Nathan. Fast scheu ich mich des Sonderlings. Fast macht
Mich seine raue Tugend stutzen. Dass
Ein Mensch doch einen Menschen so verlegen

des Sonderlings vor dem Sonderling

Soll machen können! – Ha! er kömmt. – Bei Gott!
Ein Jüngling wie ein Mann. Ich mag ihn wohl

drallen kraftvollen, vitalen

Den guten, trotz'gen Blick! den drallen Gang!
Die Schale kann nur bitter sein: der Kern
Ist's sicher nicht. – Wo sah ich doch dergleichen? –
Verzeihet, edler Franke ...
Tempelherr. Was?
Nathan. Erlaubt ...
Tempelherr. Was, Jude? was?
Nathan. Dass ich mich untersteh,
Euch anzureden.
Tempelherr. Kann ich's wehren? Doch
Nur kurz.

Verzieht Bleibt, verweilt

verbunden verpflichtet

Nathan. Verzieht, und eilet nicht so stolz,
Nicht so verächtlich einem Mann vorüber,
Den Ihr auf ewig Euch verbunden habt.
Tempelherr. Wie das? – Ah, fast errat ich's. Nicht? Ihr seid ...
Nathan. Ich heiße Nathan; bin des Mädchens Vater,
Das Eure Großmut aus dem Feu'r gerettet;
Und komme ...
Tempelherr. Wenn zu danken: – spart's! Ich hab
Um diese Kleinigkeit des Dankes schon
Zu viel erdulden müssen. – Vollends Ihr,
Ihr seid mir gar nichts schuldig. Wusst ich denn,
Dass dieses Mädchen Eure Tochter war?

dem Ersten / Dem Besten dem Erstbesten

ohnedem ohnehin, sowieso

in die Schanze / Zu schlagen aufs Spiel zu setzen, einzusetzen

Es ist der Tempelherren Pflicht, dem Ersten
Dem Besten beizuspringen, dessen Not
Sie sehn. Mein Leben war mir ohnedem
In diesem Augenblicke lästig. Gern,
Sehr gern ergriff ich die Gelegenheit,
Es für ein andres Leben in die Schanze
Zu schlagen: für ein anders – wenn's auch nur
Das Leben einer Jüdin wäre.

Nathan. Groß!
Groß und abscheulich! – Doch die Wendung lässt
Sich denken. Die bescheidne Größe flüchtet
Sich hinter das Abscheuliche, um der
Bewundrung auszuweichen. – Aber wenn
Sie so das Opfer der Bewunderung
Verschmäht: was für ein Opfer denn verschmäht
Sie minder? – Ritter, wenn Ihr hier nicht fremd,
Und nicht gefangen wäret, würd ich Euch
So dreist nicht fragen. Sagt, befehlt: womit
Kann man Euch dienen?

dreist offen

Tempelherr. Ihr? Mit nichts.
Nathan. Ich bin
Ein reicher Mann.
Tempelherr. Der reichre Jude war
Mir nie der bessre Jude.
Nathan. Dürft Ihr denn
Darum nicht nützen, was dem ungeachtet
Er Bessres hat? nicht seinen Reichtum nützen?
Tempelherr. Nun gut, das will ich auch nicht ganz verreden;
Um meines Mantels willen nicht. Sobald
Der ganz und gar verschlissen; weder Stich
Noch Fetze länger halten will: komm ich
Und borge mir bei Euch zu einem neuen,
Tuch oder Geld. – Seht nicht mit eins so finster!

verreden in Abrede stellen, bestreiten

weder Stich / Noch Fetze weder Naht noch Flicken (Stofffetzen)

Noch seid Ihr sicher; noch ist's nicht so weit
Mit ihm. Ihr seht; er ist so ziemlich noch
Im Stande. Nur der eine Zipfel da
Hat einen garst'gen Fleck; er ist versengt.
Und das bekam er, als ich Eure Tochter
Durchs Feuer trug.
Nathan *der nach dem Zipfel greift und ihn betrachtet.*
Es ist doch sonderbar,

Dass so ein böser Fleck, dass so ein Brandmal
Dem Mann ein bessres Zeugnis redet, als
Sein eigner Mund. Ich möcht ihn küssen gleich –
Den Flecken! – Ah, verzeiht! – Ich tat es ungern.

Tempelherr. Was?

Nathan. Eine Träne fiel darauf.

Tempelherr. Tut nichts!
Er hat der Tropfen mehr. – (Bald aber fängt
Mich dieser Jud an zu verwirren.)

Nathan. Wärt
Ihr wohl so gut, und schicktet Euern Mantel
Auch einmal meinem Mädchen?

Tempelherr. Was damit?

Nathan. Auch ihren Mund auf diesen Fleck zu drücken.
Denn Eure Knie selber zu umfassen,
Wünscht sie nun wohl vergebens.

Tempelherr. Aber, Jude –
Ihr heißet Nathan? – Aber, Nathan – Ihr
Setzt Eure Worte sehr – sehr gut – sehr spitz –
Ich bin betreten – Allerdings – ich hätte ...

Nathan. Stellt und verstellt Euch, wie Ihr wollt. Ich find
Auch hier Euch aus. Ihr wart zu gut, zu bieder,
Um höflicher zu sein. – Das Mädchen, ganz
Gefühl; der weibliche Gesandte, ganz
Dienstfertigkeit; der Vater weit entfernt –
Ihr trugt für ihren guten Namen Sorge;
Floht ihre Prüfung; floht, um nicht zu siegen.
Auch dafür dank ich Euch –

Tempelherr. Ich muss gestehn,
Ihr wisst, wie Tempelherren denken sollten.

Nathan. Nur Tempelherren? sollten bloß? und bloß
Weil es die Ordensregeln so gebieten?
Ich weiß, wie gute Menschen denken; weiß,

Ich find / Auch hier Euch aus. Ich durchschaue Euch auch in diesem Punkt.

bieder redlich, rechtschaffen, ehrenhaft

Floht ihre Prüfung Habt sie gemieden, um sie nicht in Versuchung zu bringen, sich in Euch, ihren Retter, zu verlieben

Dass alle Länder gute Menschen tragen.
Tempelherr. Mit Unterschied, doch hoffentlich?
Nathan. Jawohl;
An Farb, an Kleidung, an Gestalt verschieden.
Tempelherr. Auch hier bald mehr, bald weniger, als dort.
Nathan. Mit diesem Unterschied ist's nicht weit her.
Der große Mann braucht überall viel Boden;
Und mehrere, zu nah gepflanzt, zerschlagen
Sich nur die Äste. Mittelgut, wie wir,
Find't sich hingegen überall in Menge.
Nur muss der eine nicht den andern mäkeln.
Nur muss der Knorr den Knuppen hübsch vertragen.
Nur muss ein Gipfelchen sich nicht vermessen,
Dass es allein der Erde nicht entschossen.
Tempelherr.
Sehr wohl gesagt! – Doch kennt Ihr auch das Volk,
Das diese Menschenmäkelei zuerst
Getrieben? Wisst Ihr, Nathan, welches Volk
Zuerst das auserwählte Volk sich nannte?
Wie? wenn ich dieses Volk nun, zwar nicht hasste,
Doch wegen seines Stolzes zu verachten,
Mich nicht entbrechen könnte? Seines Stolzes;
Den es auf Christ und Muselmann vererbte,
Nur sein Gott sei der rechte Gott! – Ihr stutzt,
Dass ich, ein Christ, ein Tempelherr, so rede?
Wenn hat, und wo die fromme Raserei,
Den bessern Gott zu haben, diesen bessern
Der ganzen Welt als besten aufzudringen,
In ihrer schwärzesten Gestalt sich mehr
Gezeigt, als hier, als itzt? Wem hier, wem itzt
Die Schuppen nicht vom Auge fallen ... Doch
Sei blind, wer will! – Vergesst, was ich gesagt;
Und lasst mich! *Will gehen.*

mäkeln kleinlich tadeln, kritisieren

Knorr Teil des Baumstammes, an dem viele Äste wachsen; Knoten

Knuppen Auswuchs, Klotz, Verwachsung

muss der Knorr den Knuppen hübsch vertragen sprichwörtlich: muss der eine die Fehler des anderen erdulden

Gipfelchen Baumspitze, Wipfel

Menschenmäkelei Diskriminierung, kleinliche Abwertung von Menschen

das auserwählte Volk → Seite 171

entbrechen enthalten

Nathan. Ha! Ihr wisst nicht, wie viel fester
Ich nun mich an Euch drängen werde. – Kommt,
Wir müssen, müssen Freunde sein! – Verachtet
Mein Volk so sehr Ihr wollt. Wir haben beide
Uns unser Volk nicht auserlesen. Sind
Wir unser Volk? Was heißt denn Volk?
Sind Christ und Jude eher Christ und Jude,
Als Mensch? Ah! wenn ich einen mehr in Euch
Gefunden hätte, dem es g'nügt, ein Mensch
Zu heißen!

Tempelherr. Ja, bei Gott, das habt Ihr, Nathan!
Das habt Ihr! – Eure Hand! – Ich schäme mich
Euch einen Augenblick verkannt zu haben.

Problem
Lösung

das Gemeine das Gewöhnliche

Nathan. Und ich bin stolz darauf. Nur das Gemeine
Verkennt man selten.

Tempelherr. Und das Seltene
Vergisst man schwerlich. – Nathan, ja;
Wir müssen, müssen Freunde werden.

Nathan. Sind
Es schon. – Wie wird sich meine Recha freuen! –
Und ah! welch eine heitre Ferne schließt
Sich meinen Blicken auf! – Kennt sie nur erst!

Kennt sie nur erst! Lernt sie nur erst kennen!

Tempelherr. Ich brenne vor Verlangen – Wer stürzt dort
Aus Euerm Hause? Ist's nicht ihre Daja?

Nathan. Jawohl. So ängstlich?

Tempelherr. Unsrer Recha ist
Doch nichts begegnet?

begegnet zugestoßen

Judin erst
und dann Name
+ possesiv
Pronomen
bezieht
Recha auf sich

Sechster Auftritt.

Die **Vorigen** *und* **Daja** *eilig.*

Daja. Nathan! Nathan!
Nathan. Nun?
Daja. Verzeihet, edler Ritter, dass ich Euch
Muss unterbrechen.
Nathan. Nun, was ist's?
Tempelherr. Was ist's?
Daja. Der Sultan hat geschickt. Der Sultan will
Euch sprechen. Gott, der Sultan!
Nathan. Mich? der Sultan?
Er wird begierig sein, zu sehen, was
Ich Neues mitgebracht. Sag nur, es sei
Noch wenig oder gar nichts ausgepackt.
Daja. Nein, nein; er will nichts sehen; will Euch sprechen,
Euch in Person, und bald; sobald Ihr könnt.
Nathan. Ich werde kommen. – Geh nur wieder, geh!
Daja. Nehmt ja nicht übel auf, gestrenger Ritter. –
Gott, wir sind so bekümmert, was der Sultan
Doch will.
Nathan. Das wird sich zeigen. Geh nur, geh!

sie hat Angst dass Nathan dorthin geht

Siebenter Auftritt.

Nathan *und der* **Tempelherr.**

Tempelherr.
So kennt Ihr ihn noch nicht? – ich meine, von Person.
Nathan. Den Saladin? Noch nicht. Ich habe
Ihn nicht vermieden, nicht gesucht zu kennen.

Der allgemeine Ruf sprach viel zu gut
Von ihm, dass ich nicht lieber glauben wollte,
Als sehn. Doch nun, – wenn anders dem so ist, –
Hat er durch Sparung Eures Lebens …

wenn anders dem so ist sofern sich das so verhält

Tempelherr. Ja;
Dem allerdings ist so. Das Leben, das
Ich leb, ist sein Geschenk.

Sparung Schonung

Nathan. Durch das er mir
Ein doppelt, dreifach Leben schenkte. Dies
Hat alles zwischen uns verändert; hat
Mit eins ein Seil mir umgeworfen, das
Mich seinem Dienst auf ewig fesselt. Kaum,
Und kaum, kann ich es nun erwarten, was
Er mir zuerst befehlen wird. Ich bin
Bereit zu allem; bin bereit ihm zu
Gestehn, dass ich es Euertwegen bin.

Tempelherr. Noch hab ich selber ihm nicht danken können:
Sooft ich auch ihm in den Weg getreten.
Der Eindruck, den ich auf ihn machte, kam
So schnell, als schnell er wiederum verschwunden.
Wer weiß, ob er sich meiner gar erinnert.
Und dennoch muss er, einmal wenigstens,
Sich meiner noch erinnern, um mein Schicksal
Ganz zu entscheiden. Nicht genug, dass ich
Auf sein Geheiß noch bin, mit seinem Willen
Noch leb: ich muss nun auch von ihm erwarten,
Nach wessen Willen ich zu leben habe.

säumen zögern

Nathan. Nicht anders; umso mehr will ich nicht säumen. –
Es fällt vielleicht ein Wort, das mir, auf Euch
Zu kommen, Anlass gibt. – Erlaubt, verzeiht –
Ich eile – Wenn, wenn aber sehn wir Euch
Bei uns?

wann
wenn heißt wann!

Tempelherr. Sobald ich darf.

Nathan. Sobald Ihr wollt.
Tempelherr. Noch heut.
Nathan. Und Euer Name? – muss ich bitten.
Tempelherr.
Mein Name war – ist Curd von Stauffen. – Curd!

von Stauffen Angehöriger des schwäbischen Adelsgeschlechts der Staufer

Nathan. Von Stauffen? – Stauffen? – Stauffen?
Tempelherr. Warum fällt
Euch das so auf?
Nathan. Von Stauffen? – Des Geschlechts
Sind wohl schon mehrere ...

Des Geschlechts Aus dem Adelsgeschlecht

Tempelherr. O ja! hier waren,
Hier faulen des Geschlechts schon mehrere.
Mein Oheim selbst, – mein Vater will ich sagen, –
Doch warum schärft sich Euer Blick auf mich
Je mehr und mehr?
Nathan. O nichts! o nichts! Wie kann
Ich Euch zu sehn ermüden?
Tempelherr. Drum verlass
Ich Euch zuerst. Der Blick des Forschers fand
Nicht selten mehr, als er zu finden wünschte.
Ich fürcht ihn, Nathan. Lasst die Zeit allmählig,
Und nicht die Neugier, unsre Kundschaft machen.

Kundschaft Bekanntschaft

Er geht.
Nathan *der ihm mit Erstaunen nachsieht.*
»Der Forscher fand nicht selten mehr, als er
Zu finden wünschte.« – Ist es doch, als ob
In meiner Seel er lese! – Wahrlich ja;
Das könnt auch mir begegnen. – Nicht allein
Wolfs Wuchs, Wolfs Gang: auch seine Stimme. So,
Vollkommen so, warf Wolf sogar den Kopf;
Trug Wolf sogar das Schwert im Arm; strich Wolf
Sogar die Augenbraunen mit der Hand,
Gleichsam das Feuer seines Blicks zu bergen. –

Wolf = Abkürzung zu Wolfgang Vater vom Tempelherr

Wie solche tiefgeprägte Bilder doch
Zuzeiten in uns schlafen können, bis
Ein Wort, ein Laut sie weckt. – Von Stauffen! –
Ganz recht, ganz recht; Filnek und Stauffen. –
Ich will das bald genauer wissen; bald.
Nur erst zum Saladin. – Doch wie? lauscht dort
Nicht Daja? – Nun so komm nur näher, Daja.

Achter Auftritt.

Daja. Nathan.

Nathan. Was gilt's? nun drückt's euch beiden schon das Herz,
Noch ganz was anders zu erfahren, als
Was Saladin mir will.
Daja. Verdenkt Ihr's ihr?
Ihr fingt soeben an, vertraulicher
Mit ihm zu sprechen: als des Sultans Botschaft
Uns von dem Fenster scheuchte.
Nathan. Nun so sag
Ihr nur, dass sie ihn jeden Augenblick
Erwarten darf.
Daja. Gewiss? gewiss?
Nathan. Ich kann
Mich doch auf dich verlassen, Daja? Sei
Auf deiner Hut; ich bitte dich. Es soll
Dich nicht gereuen. Dein Gewissen selbst
Soll seine Rechnung dabei finden. Nur
Verdirb mir nichts in meinem Plane. Nur
Erzähl und frage mit Bescheidenheit,
Mit Rückhalt …
Daja. Dass Ihr doch noch erst, so was

Bescheidenheit Diskretion, Rücksicht

Rückhalt Zurückhaltung

Erinnern könnt! – Ich geh; geht Ihr nur auch.
Denn seht! ich glaube gar, da kömmt vom Sultan
Ein zweiter Bot', Al-Hafi, Euer Derwisch. *Geht ab.*

Neunter Auftritt.

Nathan. Al-Hafi.

Al-Hafi. Ha! ha! zu Euch wollt' ich nun eben wieder.
Nathan. Ist's denn so eilig? Was verlangt er denn
Von mir?
Al-Hafi. Wer?
Nathan. Saladin. – Ich komm, ich komme.
Al-Hafi. Zu wem? Zum Saladin?
Nathan. Schickt Saladin
Dich nicht?
Al-Hafi. Mich? nein. Hat er denn schon geschickt?
Nathan. Ja freilich hat er.
Al-Hafi. Nun, so ist es richtig.
Nathan. Was? was ist richtig?
Al-Hafi. Dass – ich bin nicht schuld;
Gott weiß, ich bin nicht schuld. – Was hab ich nicht
Von Euch gesagt, gelogen, um es abzuwenden!
Nathan. Was abzuwenden? Was ist richtig?
Al-Hafi. Dass
Nun Ihr sein Defterdar geworden. Ich
Betaur' Euch. Doch mit ansehn will ich's nicht.
Ich geh von Stund an; geh, Ihr habt es schon
Gehört, wohin; und wisst den Weg. – Habt Ihr
Des Wegs was zu bestellen, sagt: ich bin
Zu Diensten. Freilich muss es mehr nicht sein,
Als was ein Nackter mit sich schleppen kann.

Betaur' Bedaure

Des Wegs was zu bestellen Auf dem Weg ein Geschäft zu besorgen

Nackter Leichtbekleideter

Ich geh, sagt bald.
Nathan. Besinn dich doch, Al-Hafi.
Besinn dich, dass ich noch von gar nichts weiß.
Was plauderst du denn da?
Al-Hafi. Ihr bringt sie doch
Gleich mit, die Beutel?
Nathan. Beutel?
Al-Hafi. Nun, das Geld,
Das Ihr dem Saladin vorschießen sollt.
Nathan. Und weiter ist es nichts?
Al-Hafi. Ich sollt es wohl
Mit ansehn, wie er Euch von Tag zu Tag
Aushöhlen wird bis auf die Zehen? Sollt
Es wohl mit ansehn, dass Verschwendung aus
Der weisen Milde sonst nie leeren Scheuern
So lange borgt, und borgt, und borgt, bis auch
Die armen eingebornen Mäuschen drin
Verhungern? – Bildet Ihr vielleicht Euch ein,
Wer Euers Gelds bedürftig sei, der werde
Doch Euerm Rate wohl auch folgen? – Ja;
Er Rate folgen! Wenn hat Saladin
Sich raten lassen? – Denkt nur, Nathan, was
Mir eben itzt mit ihm begegnet.
Nathan. Nun?
Al-Hafi. Da komm ich zu ihm, eben dass er Schach
Gespielt mit seiner Schwester. Sittah spielt
Nicht übel; und das Spiel, das Saladin
Verloren glaubte, schon gegeben hatte,
Das stand noch ganz so da. Ich seh Euch hin.
Und sehe, dass das Spiel noch lange nicht
Verloren.
Nathan. Ei! das war für dich ein Fund!
Al-Hafi. Er durfte mit dem König an den Bauer

Aushöhlen Ausplündern

Scheuern Scheunen, Lagerräumen, Vorratskammern

Ich seh Euch hin Gemeint ist wohl: Ich will es Euch zeigen, demonstrieren

Nur rücken, auf ihr Schach. – Wenn ich's Euch gleich
Nur zeigen könnte!

Nathan. O ich traue dir!

Al-Hafi. Denn so bekam der Roche Feld: und sie
War hin. – Das alles will ich ihm nun weisen
Und ruf ihn. – Denkt! ...

Nathan. Er ist nicht deiner Meinung?

Al-Hafi. Er hört mich gar nicht an, und wirft verächtlich
Das ganze Spiel in Klumpen.

Nathan. Ist das möglich?

Al-Hafi. Und sagt: er wolle matt nun einmal sein;
Er wolle! Heißt das spielen?

Nathan. Schwerlich wohl;
Heißt mit dem Spiele spielen.

Al-Hafi. Gleichwohl galt
Es keine taube Nuss.

Nathan. Geld hin, Geld her!
Das ist das Wenigste. Allein dich gar
Nicht anzuhören! über einen Punkt
Von solcher Wichtigkeit dich nicht einmal
Zu hören! deinen Adlerblick nicht zu
Bewundern! das, das schreit um Rache; nicht?

Al-Hafi. Ach was? Ich sag Euch das nur so, damit
Ihr sehen könnt, was für ein Kopf er ist.
Kurz, ich, ich halt's mit ihm nicht länger aus.
Da lauf ich nun bei allen schmutz'gen Mohren
Herum, und frage, wer ihm borgen will.
Ich, der ich nie für mich gebettelt habe,
Soll nun für andre borgen. Borgen ist
Viel besser nicht als betteln: so wie leihen,
Auf Wucher leihen, nicht viel besser ist,
Als stehlen. Unter meinen Ghebern, an
Dem Ganges, brauch ich beides nicht, und brauche

bekam der Roche Feld hätte der Turm (die Schachfigur, die zusammen mit dem König die Rochade ausführen kann) freie Bahn erhalten

wirft … / Das ganze Spiel in Klumpen wirft die Schachfiguren um, über den Haufen

Gleichwohl galt / es keine taube Nuss. Immerhin ging es nicht um Peanuts, ging es um einiges.

Ghebern → Seite 171

Das Werkzeug beider nicht zu sein. Am Ganges,
Am Ganges nur gibt's Menschen. Hier seid Ihr
Der Einzige, der noch so würdig wäre,
Dass er am Ganges lebte. – Wollt Ihr mit? –
Lasst ihm mit eins den Plunder ganz im Stiche,
Um den es ihm zu tun. Er bringt Euch nach
Und nach doch drum. So wär die Plackerei
Auf einmal aus. Ich schaff Euch einen Dalk.
Kommt! kommt!

schaff beschaffe, besorge

Dalk auch Delk; arabische Bezeichung für den Kittel eines Derwischs

Nathan. Ich dächte zwar, das blieb uns ja
Noch immer übrig. Doch, Al-Hafi, will
Ich's überlegen. Warte ...
Al-Hafi. Überlegen?
Nein, so was überlegt sich nicht.
Nathan. Nur bis
Ich von dem Sultan wiederkomme; bis
Ich Abschied erst ...
Al-Hafi. Wer überlegt, der sucht
Bewegungsgründe, nicht zu dürfen. Wer
Sich Knall und Fall, ihm selbst zu leben, nicht
Entschließen kann, der lebet andrer Sklav'
Auf immer. – Wie Ihr wollt! – Lebt wohl! wie's Euch
Wohl dünkt. – Mein Weg liegt dort; und Eurer da.
Nathan. Al-Hafi! Du wirst selbst doch erst das Deine
Berichtigen?
Al-Hafi. Ach Possen! Der Bestand
Von meiner Kass' ist nicht des Zählens wert;
Und meine Rechnung bürgt – Ihr oder Sittah.
Lebt wohl! *Ab.*
Nathan *ihm nachsehend.* Dir bürg ich! – Wilder, guter, edler –
Wie nenn ich ihn? – Der wahre Bettler ist
Doch einzig und allein der wahre König!
Von einer andern Seite ab.

Knall und Fall Knall auf Fall, spontan

ihm selbst zu leben sich selbst zu leben; selbstbestimmt seinem eigenen Weg zu folgen

lebet andrer Sklav' lebt als Sklave andrer Leute

Possen Unsinn

meine Rechnung bürgt für die finanziellen Verhältnisse, die ich hinterlasse, bürgt

Von Nach

Dritter Aufzug.

Erster Auftritt.

Szene: in Nathans Hause.
Recha *und* **Daja.**

Recha. Wie, Daja, drückte sich mein Vater aus?
»Ich dürf ihn jeden Augenblick erwarten?«
Das klingt – nicht wahr? – als ob er noch so bald
Erscheinen werde. – Wie viel Augenblicke
Sind aber schon vorbei! – Ah nun: wer denkt
An die verflossenen? – Ich will allein
In jedem nächsten Augenblicke leben.
Er wird doch einmal kommen, der ihn bringt.
Daja. O der verwünschten Botschaft von dem Sultan!
Denn Nathan hätte sicher ohne sie
Ihn gleich mit hergebracht.
Recha. Und wenn er nun
Gekommen dieser Augenblick; wenn denn
Nun meiner Wünsche wärmster, innigster
Erfüllet ist: was dann? – was dann?
Daja. Was dann?
Dann hoff ich, dass auch meiner Wünsche wärmster
Soll in Erfüllung gehen.
Recha. Was wird dann
In meiner Brust an dessen Stelle treten,
Die schon verlernt, ohn' einen herrschenden
Wunsch aller Wünsche sich zu dehnen? – Nichts?
Ah, ich erschrecke! ...
Daja. Mein, mein Wunsch wird dann
An des erfüllten Stelle treten; meiner.
Mein Wunsch, dich in Europa, dich in Händen

Zu wissen, welche deiner würdig sind.
Recha. Du irrst. – Was diesen Wunsch zu deinem macht,
Das Nämliche verhindert, dass er meiner
Je werden kann. Dich zieht dein Vaterland:
Und meines, meines sollte mich nicht halten?
Ein Bild der Deinen, das in deiner Seele
Noch nicht verloschen, sollte mehr vermögen,
Als die ich seh, und greif, und höre,
Die Meinen?

Sperre dich Sträube dich

Daja. Sperre dich, soviel du willst!
Des Himmels Wege sind des Himmels Wege.
Und wenn es nun dein Retter selber wäre,
Durch den sein Gott, für den er kämpft, dich in
Das Land, dich zu dem Volke führen wollte,
Für welche du geboren wurdest?
Recha. Daja!
Was sprichst du da nun wieder, liebe Daja!
Du hast doch wahrlich deine sonderbaren
Begriffe! »Sein, sein Gott! für den er kämpft!«

Wem eignet Gott? Wem gehört Gott?

Wem eignet Gott? was ist das für ein Gott,
Der einem Menschen eignet? der für sich
Muss kämpfen lassen? – Und wie weiß
Man denn, für welchen Erdkloß man geboren,
Wenn man's für den nicht ist, auf welchem man
Geboren? – Wenn mein Vater dich so hörte! –
Was tat er dir, mir immer nur mein Glück
So weit von ihm als möglich vorzuspiegeln?
Was tat er dir, den Samen der Vernunft,
Den er so rein in meine Seele streute,
Mit deines Landes Unkraut oder Blumen
So gern zu mischen? – Liebe Daja,
Er will nun deine bunten Blumen nicht
Auf meinem Boden! – Und ich muss dir sagen,

Ich selber fühle meinen Boden, wenn
Sie noch so schön ihn kleiden, so entkräftet,
So ausgezehrt durch deine Blumen; fühle
In ihrem Dufte, sauersüßem Dufte,
Mich so betäubt, so schwindelnd! – Dein Gehirn
Ist dessen mehr gewohnt. Ich tadle drum
Die stärkern Nerven nicht, die ihn vertragen.
Nur schlägt er mir nicht zu; und schon dein Engel,
Wie wenig fehlte, dass er mich zur Närrin
Gemacht? – Noch schäm ich mich vor meinem Vater
Der Posse!

schlägt er mir nicht zu bekommt er mir nicht, vertrage ich ihn nicht

Daja. Posse! – Als ob der Verstand
Nur hier zu Hause wäre! Posse! Posse!
Wenn ich nur reden dürfte!

Recha. Darfst du nicht?
Wenn war ich nicht ganz Ohr, sooft es dir
Gefiel, von deinen Glaubenshelden mich
Zu unterhalten? Hab ich ihren Taten
Nicht stets Bewunderung; und ihren Leiden
Nicht immer Tränen gern gezollt? Ihr Glaube
Schien freilich mir das Heldenmäßigste
An ihnen nie. Doch so viel tröstender
War mir die Lehre, dass Ergebenheit
In Gott von unserm Wähnen über Gott
So ganz und gar nicht abhängt. – Liebe Daja,
Das hat mein Vater uns so oft gesagt;
Darüber hast du selbst mit ihm so oft
Dich einverstanden: warum untergräbst
Du denn allein, was du mit ihm zugleich
Gebauet? – Liebe Daja, das ist kein
Gespräch, womit wir unserm Freund am besten
Entgegensehn. Für mich zwar, ja! Denn mir,
Mir liegt daran unendlich, ob auch er –

Wähnen Nachdenken, Spekulieren

Horch, Daja! – Kommt es nicht an unsre Türe?
Wenn Er es wäre! horch!

Zweiter Auftritt.

Recha. Daja *und der* **Tempelherr,** *dem jemand von außen die Türe öffnet, mit den Worten:*

Nur hier herein!

Recha
fährt zusammen, fasst sich, und will ihm zu Füßen fallen.
Er ist's! – Mein Retter, ah!

Tempelherr. Dies zu vermeiden
Erschien ich bloß so spät: und doch –

Recha. Ich will
Ja zu den Füßen dieses stolzen Mannes
Nur Gott noch einmal danken; nicht dem Manne.
Der Mann will keinen Dank; will ihn so wenig
Als ihn der Wassereimer will, der bei
Dem Löschen so geschäftig sich erwiesen.
Der ließ sich füllen, ließ sich leeren, mir
Nichts, dir nichts: also auch der Mann. Auch der
Ward nun so in die Glut hineingestoßen;
Da fiel ich ungefähr ihm in den Arm;
Da blieb ich ungefähr, so wie ein Funken
Auf seinem Mantel, ihm in seinen Armen;
Bis wiederum, ich weiß nicht was, uns beide
Herausschmiss aus der Glut. – Was gibt es da
Zu danken? – In Europa treibt der Wein
Zu noch weit andern Taten. – Tempelherren,
Die müssen einmal nun so handeln; müssen
Wie etwas besser zugelernte Hunde,

also auch in gleicher Weise auch

ungefähr von ungefähr, zufällig

zugelernte abgerichtete, dressierte

Sowohl aus Feuer, als aus Wasser holen.

Tempelherr

der sie mit Erstaunen und Unruhe die Zeit über betrachtet.

O Daja, Daja! Wenn in Augenblicken
Des Kummers und der Galle, meine Laune
Dich übel anließ, warum jede Torheit,
Die meiner Zung entfuhr, ihr hinterbringen?
Das hieß sich zu empfindlich rächen, Daja!
Doch wenn du nur von nun an, besser mich
Bei ihr vertreten willst.

der Galle der Wut, der schlechten Laune

übel anließ heftig anfuhr

Daja. Ich denke, Ritter,
Ich denke nicht, dass diese kleinen Stacheln,
Ihr an das Herz geworfen, Euch da sehr
Geschadet haben.

Recha. Wie? Ihr hattet Kummer?
Und wart mit Euerm Kummer geiziger
Als Euerm Leben?

Tempelherr. Gutes, holdes Kind! –
Wie ist doch meine Seele zwischen Auge
Und Ohr geteilt! – Das war das Mädchen nicht,
Nein, nein, das war es nicht, das aus dem Feuer
Ich holte. – Denn wer hätte die gekannt,
Und aus dem Feuer nicht geholt? Wer hätte
Auf mich gewartet? – Zwar – verstellt – der Schreck

verstellt entstellt

Pause, unter der er, in Anschauung ihrer, sich wie verliert.

Recha. Ich aber find Euch noch den Nämlichen. –

Dergleichen; bis sie fortfährt, um ihn in seinem Anstaunen zu unterbrechen.

Nun, Ritter, sagt uns doch, wo Ihr so lange
Gewesen? – Fast dürft ich auch fragen: wo
Ihr itzo seid?

Tempelherr. Ich bin, – wo ich vielleicht
Nicht sollte sein. –

Recha. Wo Ihr gewesen? – Auch
Wo Ihr vielleicht nicht solltet sein gewesen?
Das ist nicht gut.

Tempelherr. Auf – auf – wie heißt der Berg?
Auf Sinai.

Recha. Auf Sinai? – Ah schön!
Nun kann ich zuverlässig doch einmal
Erfahren, ob es wahr ...

Tempelherr. Was? was? Ob's wahr,
Dass noch daselbst der Ort zu sehn, wo Moses
Vor Gott gestanden, als ...

Recha. Nun das wohl nicht.
Denn wo er stand, stand er vor GOtt. Und davon
Ist mir zur G'nüge schon bekannt. – Ob's wahr,
Möcht ich nur gern von Euch erfahren, dass –
Dass es bei weitem nicht so mühsam sei,
Auf diesen Berg hinaufzusteigen, als
Herab? – Denn seht; so viel ich Berge noch
Gestiegen bin, war's just das Gegenteil. –
Nun, Ritter? – Was? – Ihr kehrt Euch von mir ab?
Wollt mich nicht sehn?

Tempelherr. Weil ich Euch hören will.

Recha. Weil Ihr mich nicht wollt merken lassen, dass
Ihr meiner Einfalt lächelt; dass Ihr lächelt,
Wie ich Euch doch so gar nichts Wichtigers
Von diesem heiligen Berg aller Berge
Zu fragen weiß? Nicht wahr?

meiner Einfalt über meine Naivität

Tempelherr. So muss
Ich doch Euch wieder in die Augen sehn. –
Was? Nun schlagt Ihr sie nieder? nun verbeißt
Das Lächeln Ihr? wie ich noch erst in Mienen,
In zweifelhaften Mienen lesen will,
Was ich so deutlich hör, Ihr so vernehmlich

zweifelhaften undurchschaubaren

Mir sagt – verschweigt? – Ah Recha! Recha! Wie
Hat er so wahr gesagt: »Kennt sie nur erst!«

Recha. Wer hat? – von wem? – Euch das gesagt?

Tempelherr. »Kennt sie
Nur erst!« hat Euer Vater mir gesagt;
Von Euch gesagt.

Daja. Und ich nicht etwa auch?
Ich denn nicht auch?

Tempelherr. Allein wo ist er denn?
Wo ist denn Euer Vater? Ist er noch
Beim Sultan?

Recha. Ohne Zweifel.

Tempelherr. Noch, noch da? –
O mich Vergesslichen! Nein, nein; da ist
Er schwerlich mehr. – Er wird dort unten bei
Dem Kloster meiner warten; ganz gewiss.
So red'ten, mein ich, wir ja ab. Erlaubt!
Ich geh, ich hol ihn …

O mich Vergesslichen! O ich Vergesslicher!

red'ten … ab vereinbarten, verabredeten

Daja. Das ist meine Sache.
Bleibt, Ritter, bleibt. Ich bring ihn unverzüglich.

Tempelherr. Nicht so, nicht so! Er sieht mir selbst entgegen;
Nicht Euch. Dazu, er könnte leicht – wer weiß? –
Er könnte bei dem Sultan leicht, – Ihr kennt
Den Sultan nicht! – leicht in Verlegenheit
Gekommen sein. – Glaubt mir; es hat Gefahr,
Wenn ich nicht geh.

sieht mir selbst entgegen erwartet mich selbst

Recha. Gefahr? was für Gefahr?

Tempelherr. Gefahr für mich, für Euch, für ihn: wenn ich
Nicht schleunig, schleunig geh.
Ab.

Dritter Auftritt.

Recha *und* **Daja.**

Recha. Was ist das, Daja? –
So schnell? – Was kömmt ihm an? Was fiel ihm auf?
Was jagt ihn?

Was kömmt ihm an? Was ist mit ihm los?

Daja. Lasst nur, lasst. Ich denk, es ist
Kein schlimmes Zeichen.
Recha. Zeichen? und wovon?
Daja. Dass etwas vorgeht innerhalb. Es kocht,
Und soll nicht überkochen. Lasst ihn nur.
Nun ist's an Euch.

innerhalb in ihm (dem Tempelherrn)

Recha. Was ist an mir? Du wirst,
Wie er, mir unbegreiflich.
Daja. Bald nun könnt
Ihr ihm die Unruh all vergelten, die
Er Euch gemacht hat. Seid nur aber auch
Nicht allzu streng, nicht allzu rachbegierig.
Recha. Wovon du sprichst, das magst du selber wissen.
Daja. Und seid denn Ihr bereits so ruhig wieder?
Recha. Das bin ich; ja das bin ich …
Daja. Wenigstens
Gesteht, dass Ihr Euch seiner Unruh freut;
Und seiner Unruh danket, was Ihr itzt
Von Ruh genießt.
Recha. Mir völlig unbewusst!
Denn was ich höchstens dir gestehen könnte,
Wär, dass es mich – mich selbst befremdet, wie
Auf einen solchen Sturm in meinem Herzen
So eine Stille plötzlich folgen können.
Sein voller Anblick, sein Gespräch
Hat mich …

Daja. Gesättigt schon?
Recha. Gesättigt, will
Ich nun nicht sagen, nein – bei weitem nicht –
Daja. Den heißen Hunger nur gestillt.
Recha. Nun ja;
Wenn du so willst.
Daja. Ich eben nicht.
Recha. Er wird
Mir ewig wert; mir ewig werter, als
Mein Leben bleiben: wenn auch schon mein Puls
Nicht mehr bei seinem bloßen Namen wechselt;
Nicht mehr mein Herz, sooft ich an ihn denke,
Geschwinder, stärker schlägt. – Was schwatz ich? Komm,
Komm, liebe Daja, wieder an das Fenster,
Das auf die Palmen sieht.
Daja. So ist er doch
Wohl noch nicht ganz gestillt, der heiße Hunger.
Recha. Nun werd ich auch die Palmen wieder sehn:
Nicht ihn bloß untern Palmen.
Daja. Diese Kälte
Beginnt auch wohl ein neues Fieber nur.
Recha. Was Kält'? Ich bin nicht kalt. Ich sehe wahrlich
Nicht minder gern, was ich mit Ruhe sehe.

Vierter Auftritt.

Szene: ein Audienzsaal in dem Palaste des Saladin.
Saladin *und* **Sittah.**

Saladin *im Hereintreten, gegen die Türe.*
Hier bringt den Juden her, sobald er kömmt.
Er scheint sich eben nicht zu übereilen.

gegen die Türe in Richtung der Tür sprechend

Sittah. Er war auch wohl nicht bei der Hand; nicht gleich
Zu finden.
Saladin. Schwester! Schwester!
Sittah. Tust du doch

Treffen vor Kampf, Duell bevor

Als stünde dir ein Treffen vor.
Saladin. Und das
Mit Waffen, die ich nicht gelernt zu führen.

mich stellen mich verstellen

besorgen lassen Angst machen, Sorge erzeugen

abzubangen durch Einschüchterung abzupressen

Ich soll mich stellen; soll besorgen lassen;
Soll Fallen legen; soll auf Glatteis führen.
Wenn hätt ich das gekonnt? Wo hätt ich das
Gelernt? – Und soll das alles, ah, wozu?
Wozu? – Um Geld zu fischen; Geld! – Um Geld,
Geld einem Juden abzubangen; Geld!
Zu solchen kleinen Listen wär ich endlich
Gebracht, der Kleinigkeiten kleinste mir
Zu schaffen?
Sittah. Jede Kleinigkeit, zu sehr
Verschmäht, die rächt sich, Bruder.
Saladin. Leider wahr. –
Und wenn nun dieser Jude gar der gute,
Vernünft'ge Mann ist, wie der Derwisch dir
Ihn ehedem beschrieben?
Sittah. O nun dann!
Was hat es dann für Not! Die Schlinge liegt

besorglichen besorgten

sich ausred't sich herausredet

er die Netze / Vorbei sich windet er sich an den (ausgeworfenen) Netzen vorbeiwindet

Ja nur dem geizigen, besorglichen,
Furchtsamen Juden: nicht dem guten, nicht
Dem weisen Manne. Dieser ist ja so
Schon unser, ohne Schlinge. Das Vergnügen
Zu hören, wie ein solcher Mann sich ausred't;
Mit welcher dreisten Stärk entweder, er
Die Stricke kurz zerreißet; oder auch
Mit welcher schlauen Vorsicht er die Netze
Vorbei sich windet: dies Vergnügen hast

Du obendrein.
Saladin. Nun, das ist wahr. Gewiss;
Ich freue mich darauf.
Sittah. So kann dich ja
Auch weiter nichts verlegen machen. Denn
Ist's einer aus der Menge bloß; ist's bloß
Ein Jude, wie ein Jude: gegen den
Wirst du dich doch nicht schämen, so zu scheinen
Wie er die Menschen all sich denkt? Vielmehr;
Wer sich ihm besser zeigt, der zeigt sich ihm
Als Geck, als Narr.
Saladin. So muss ich ja wohl gar
Schlecht handeln, dass von mir der Schlechte nicht
Schlecht denke?
Sittah. Traun! wenn du schlecht handeln nennst,
Ein jedes Ding nach seiner Art zu brauchen.
Saladin. Was hätt ein Weiberkopf erdacht, das er
Nicht zu beschönen wüsste!
Sittah. Zu beschönen!
Saladin. Das feine, spitze Ding, besorg ich nur,
In meiner plumpen Hand zerbricht! – So was
Will ausgeführt sein, wie's erfunden ist:
Mit aller Pfiffigkeit, Gewandtheit. – Doch,
Mag's doch nur mag's! Ich tanze, wie ich kann;
Und könnt es freilich lieber – schlechter noch
Als besser.
Sittah. Trau dir auch nur nicht zu wenig!
Ich stehe dir für dich! Wenn du nur willst. –
Dass uns die Männer deinesgleichen doch
So gern bereden möchten, nur ihr Schwert,
Ihr Schwert nur habe sie so weit gebracht.
Der Löwe schämt sich freilich, wenn er mit
Dem Fuchse jagt: – des Fuchses, nicht der List.

beschönen beschönigen

besorg ich nur sorge ich mich nur

Ich stehe dir für dich! Ich traue es dir zu!

Saladin. Und dass die Weiber doch so gern den Mann
Zu sich herunter hätten! – Geh nur geh! –
Ich glaube meine Lektion zu können.
Sittah. Was? ich soll gehn?
Saladin. Du wolltest doch nicht bleiben?
Sittah. Wenn auch nicht bleiben – im Gesicht euch bleiben –
Doch hier im Nebenzimmer –
Saladin. Da zu horchen?
Auch das nicht, Schwester; wenn ich soll bestehn. –
Fort, fort! der Vorhang rauscht; er kömmt! – doch dass
Du ja nicht da verweilst! Ich sehe nach.
Indem sie sich durch die eine Türe entfernt, tritt Nathan zu der andern herein; und Saladin hat sich gesetzt.

im Gesicht euch bleiben unter euren Augen bleiben, sichtbar anwesend sein

Fünfter Auftritt.

Saladin *und* **Nathan.**

Saladin. Tritt näher, Jude! – Näher! – Nur ganz her! –
Nur ohne Furcht!
Nathan. Die bleibe deinem Feinde!
Saladin. Du nennst dich Nathan?
Nathan. Ja.
Saladin. Den weisen Nathan?
Nathan. Nein.
Saladin. Wohl! nennst du dich nicht; nennt dich das Volk.
Nathan. Kann sein; das Volk!
Saladin. Du glaubst doch nicht, dass ich
Verächtlich von des Volkes Stimme denke? –
Ich habe längst gewünscht, den Mann zu kennen,
Den es den Weisen nennt.
Nathan. Und wenn es ihn

Zum Spott so nennte? Wenn dem Volke weise
Nichts weiter wär als klug? und klug nur der,
Der sich auf seinen Vorteil gut versteht?
Saladin. Auf seinen wahren Vorteil, meinst du doch?
Nathan. Dann freilich wär der Eigennützigste
Der Klügste. Dann wär freilich klug und weise
Nur eins.
Saladin. Ich höre dich erweisen, was
Du widersprechen willst. – Des Menschen wahre
Vorteile, die das Volk nicht kennt, kennst du.
Hast du zu kennen wenigstens gesucht;
Hast drüber nachgedacht: das auch allein
Macht schon den Weisen.
Nathan. Der sich jeder dünkt
Zu sein.
Saladin. Nun der Bescheidenheit genug!
Denn sie nur immerdar zu hören, wo
Man trockene Vernunft erwartet, ekelt.
Er springt auf.
Lass uns zur Sache kommen! Aber, aber
Aufrichtig, Jud, aufrichtig!
Nathan. Sultan, ich
Will sicherlich dich so bedienen, dass
Ich deiner fernern Kundschaft würdig bleibe.
Saladin. Bedienen? wie?
Nathan. Du sollst das Beste haben
Von allem; sollst es um den billigsten
Preis haben.
Saladin. Wovon sprichst du? doch wohl nicht
Von deinen Waren? – Schachern wird mit dir
Schon meine Schwester. (Das der Horcherin!) –
Ich habe mit dem Kaufmann nichts zu tun.
Nathan. So wirst du ohne Zweifel wissen wollen,

fernern weiteren

Schachern Um den Preis feilschen, handeln

Was ich auf meinem Wege von dem Feinde,
Der allerdings sich wieder reget, etwa
Bemerkt, getroffen? – Wenn ich unverhohlen –
Saladin. Auch darauf bin ich eben nicht mit dir
Gesteuert. Davon weiß ich schon, so viel
Ich nötig habe. – Kurz; –
Nathan. Gebiete, Sultan.
Saladin. Ich heische deinen Unterricht in ganz
Was anderm; ganz was anderm. – Da du nun
So weise bist: so sage mir doch einmal –
Was für ein Glaube, was für ein Gesetz
Hat dir am meisten eingeleuchtet?
Nathan. Sultan,
Ich bin ein Jud.
Saladin. Und ich ein Muselmann.
Der Christ ist zwischen uns. – Von diesen drei
Religionen kann doch eine nur
Die wahre sein. – Ein Mann, wie du, bleibt da
Nicht stehen, wo der Zufall der Geburt
Ihn hingeworfen: oder wenn er bleibt,
Bleibt er aus Einsicht, Gründen, Wahl des Bessern.
Wohlan! so teile deine Einsicht mir
Dann mit. Lass mich die Gründe hören, denen
Ich selber nachzugrübeln, nicht die Zeit
Gehabt. Lass mich die Wahl, die diese Gründe
Bestimmt, – versteht sich, im Vertrauen – wissen,
Damit ich sie zu meiner mache. – Wie?
Du stutzest? wägst mich mit dem Auge? – Kann
Wohl sein, dass ich der erste Sultan bin,
Der eine solche Grille hat; die mich
Doch eines Sultans eben nicht so ganz
Unwürdig dünkt. – Nicht wahr? – So rede doch!
Sprich! – Oder willst du einen Augenblick,

unverhohlen unverhüllt

darauf bin ich eben nicht mit dir / Gesteuert darauf wollte ich nicht hinaus

heische fordere, begehre

wägst prüfst, wägst ab, schätzt ein

Grille fixe Idee, sonderbaren Einfall

Dich zu bedenken? Gut; ich geb ihn dir. –
(Ob sie wohl horcht? Ich will sie doch belauschen;
Will hören, ob ich's recht gemacht. –) Denk nach!
Geschwind denk nach! Ich säume nicht, zurück-
Zukommen.
Er geht in das Nebenzimmer, nach welchem sich Sittah begeben.

sie doch belauschen doch ihre Meinung hören

Sechster Auftritt.

Nathan *allein.*

Hm! hm! – wunderlich! – Wie ist
Mir denn? – Was will der Sultan? was? – Ich bin
Auf Geld gefasst; und er will – Wahrheit. Wahrheit!
Und will sie so, – so bar, so blank, – als ob
Die Wahrheit Münze wäre! – Ja, wenn noch
Uralte Münze, die gewogen ward! –
Das ginge noch! Allein so neue Münze,
Die nur der Stempel macht, die man aufs Brett
Nur zählen darf, das ist sie doch nun nicht!
Wie Geld in Sack, so striche man in Kopf
Auch Wahrheit ein? Wer ist denn hier der Jude?
Ich oder er? – Doch wie? Sollt er auch wohl
Die Wahrheit nicht in Wahrheit fodern? – Zwar,
Zwar der Verdacht, dass er die Wahrheit nur
Als Falle brauche, wär auch gar zu klein! –
Zu klein? – Was ist für einen Großen denn
Zu klein? – Gewiss, gewiss: er stürzte mit
Der Türe so ins Haus! Man pocht doch, hört
Doch erst, wenn man als Freund sich naht. – Ich muss
Behutsam gehn! – Und wie? wie das? – So ganz

Brett Zählbrett, Brett zum Geldzählen

Sack Geldbeutel

fodern alte Form von: fordern

klein unedel (würde ihm nicht gerecht werden)

gehn vorgehn

Stockjude
→ Seite 171

Stockjude sein zu wollen, geht schon nicht. –
Und ganz und gar nicht Jude, geht noch minder.
Denn, wenn kein Jude, dürft er mich nur fragen,
Warum kein Muselmann? – Das war's! Das kann
Mich retten! – Nicht die Kinder bloß, speist man
Mit Märchen ab. – Er kömmt. Er komme nur!

Siebenter Auftritt.

Saladin *und* Nathan.

zu Rande fertig

Saladin. (So ist das Feld hier rein!) – Ich komm dir doch
Nicht zu geschwind zurück? Du bist zu Rande
Mit deiner Überlegung. – Nun so rede!
Es hört uns keine Seele.
Nathan. Möcht auch doch
Die ganze Welt uns hören.
Saladin. So gewiss
Ist Nathan seiner Sache? Ha! das nenn
Ich einen Weisen! Nie die Wahrheit zu
Verhehlen! für sie alles auf das Spiel
Zu setzen! Leib und Leben! Gut und Blut!
Nathan. Ja! ja! wann's nötig ist und nutzt.
Saladin. Von nun
An darf ich hoffen, einen meiner Titel,
Verbesserer der Welt und des Gesetzes,
Mit Recht zu führen.
Nathan. Traun, ein schöner Titel!
Doch, Sultan, eh ich mich dir ganz vertraue,
Erlaubst du wohl, dir ein Geschichtchen zu
Erzählen?
Saladin. Warum das nicht? Ich bin stets

Ein Freund gewesen von Geschichtchen, gut
Erzählt.

Nathan. Ja, gut erzählen, das ist nun
Wohl eben meine Sache nicht.

Saladin. Schon wieder
So stolz bescheiden? – Mach! erzähl, erzähle!

Nathan. Vor grauen Jahren lebt' ein Mann in Osten,
Der einen Ring von unschätzbarem Wert
Aus lieber Hand besaß. Der Stein war ein
Opal, der hundert schöne Farben spielte,
Und hatte die geheime Kraft, vor Gott
Und Menschen angenehm zu machen, wer
In dieser Zuversicht ihn trug. Was Wunder,
Dass ihn der Mann in Osten darum nie
Vom Finger ließ; und die Verfügung traf,
Auf ewig ihn bei seinem Hause zu
Erhalten? Nämlich so. Er ließ den Ring
Von seinen Söhnen dem geliebtesten;
Und setzte fest, dass dieser wiederum
Den Ring von seinen Söhnen dem vermache,
Der ihm der liebste sei; und stets der Liebste,
Ohn Ansehn der Geburt, in Kraft allein
Des Rings, das Haupt, der Fürst des Hauses werde. –
Versteh mich, Sultan.

Saladin. Ich versteh dich. Weiter!

Nathan. So kam nun dieser Ring, von Sohn zu Sohn,
Auf einen Vater endlich von drei Söhnen;
Die alle drei ihm gleich gehorsam waren,
Die alle drei er folglich gleich zu lieben
Sich nicht entbrechen konnte. Nur von Zeit
Zu Zeit schien ihm bald der, bald dieser, bald
Der dritte, – so wie jeder sich mit ihm
Allein befand, und sein ergießend Herz

Vor grauen Jahren Vor vielen Jahren, vor langer Zeit

in Osten im Osten, im Orient

der hundert schöne Farben spielte der in hundert schönen Farben schimmerte

Ohn Ansehn der Geburt Ohne Rücksicht auf das traditionelle Erstgeburtsrecht

in Kraft allein kraft (allein durch den Ring)

entbrechen enthalten

Die andern zwei nicht teilten, – würdiger
Des Ringes; den er denn auch einem jeden
Die fromme Schwachheit hatte, zu versprechen.
Das ging nun so, solang es ging. – Allein
Es kam zum Sterben, und der gute Vater
Kömmt in Verlegenheit. Es schmerzt ihn, zwei
Von seinen Söhnen, die sich auf sein Wort
Verlassen, so zu kränken. – Was zu tun? –
Er sendet in geheim zu einem Künstler,
Bei dem er, nach dem Muster seines Ringes,
Zwei andere bestellt, und weder Kosten
Noch Mühe sparen heißt, sie jenem gleich,
Vollkommen gleich zu machen. Das gelingt
Dem Künstler. Da er ihm die Ringe bringt,
Kann selbst der Vater seinen Musterring
Nicht unterscheiden. Froh und freudig ruft
Er seine Söhne, jeden insbesondre;
Gibt jedem insbesondre seinen Segen, –
Und seinen Ring, – und stirbt. – Du hörst doch, Sultan?

in geheim insgeheim, heimlich

insbesondre für sich allein

Saladin *der sich betroffen von ihm gewandt.*
Ich hör, ich höre! – Komm mit deinem Märchen
Nur bald zu Ende. – Wird's?

Nathan. Ich bin zu Ende.
Denn was noch folgt, versteht sich ja von selbst. –
Kaum war der Vater tot, so kömmt ein jeder
Mit seinem Ring, und jeder will der Fürst
Des Hauses sein. Man untersucht, man zankt,
Man klagt. Umsonst; der rechte Ring war nicht
Erweislich; –
Nach einer Pause, in welcher er des Sultans Antwort erwartet.
Fast so unerweislich, als
Uns itzt – der rechte Glaube.

Erweislich Auszumachen, erkennbar

Saladin. Wie? das soll
Die Antwort sein auf meine Frage? ...
Nathan. Soll
Mich bloß entschuldigen, wenn ich die Ringe,
Mir nicht getrau zu unterscheiden, die
Der Vater in der Absicht machen ließ,
Damit sie nicht zu unterscheiden wären.
Saladin. Die Ringe! – Spiele nicht mit mir! – Ich dächte,
Dass die Religionen, die ich dir
Genannt, doch wohl zu unterscheiden wären.
Bis auf die Kleidung; bis auf Speis und Trank!
Nathan. Und nur von Seiten ihrer Gründe nicht. –
Denn gründen alle sich nicht auf Geschichte?
Geschrieben oder überliefert! – Und
Geschichte muss doch wohl allein auf Treu
Und Glauben angenommen werden? – Nicht? –
Nun wessen Treu und Glauben zieht man denn
Am wenigsten in Zweifel? Doch der Seinen?
Doch deren Blut wir sind? doch deren, die
Von Kindheit an uns Proben ihrer Liebe
Gegeben? die uns nie getäuscht, als wo
Getäuscht zu werden uns heilsamer war? –
Wie kann ich meinen Vätern weniger,
Als du den deinen glauben? Oder umgekehrt. –
Kann ich von dir verlangen, dass du deine
Vorfahren Lügen strafst, um meinen nicht
Zu widersprechen? Oder umgekehrt.
Das Nämliche gilt von den Christen. Nicht? –
Saladin. (Bei dem Lebendigen! Der Mann hat Recht.
Ich muss verstummen.)
Nathan. Lass auf unsre Ring'
Uns wieder kommen. Wie gesagt: die Söhne
Verklagten sich; und jeder schwur dem Richter,

Bis auf die Bis hinunter zur

Unmittelbar aus seines Vaters Hand
Den Ring zu haben. – Wie auch wahr! – Nachdem
Er von ihm lange das Versprechen schon
Gehabt, des Ringes Vorrecht einmal zu
Genießen. – Wie nicht minder wahr! – Der Vater,
Beteu'rte jeder, könne gegen ihn
Nicht falsch gewesen sein; und eh er dieses
Von ihm, von einem solchen lieben Vater,
Argwohnen lass': eh müss' er seine Brüder,
So gern er sonst von ihnen nur das Beste
Bereit zu glauben sei, des falschen Spiels
Bezeihen; und er wolle die Verräter
Schon auszufinden wissen; sich schon rächen.

Bezeihen Bezichtigen, beschuldigen

Saladin. Und nun, der Richter? – Mich verlangt zu hören,
Was du den Richter sagen lässest. Sprich!

Nathan. Der Richter sprach: wenn ihr mir nun den Vater
Nicht bald zur Stelle schafft, so weis ich euch
Von meinem Stuhle. Denkt ihr, dass ich Rätsel
Zu lösen da bin? Oder harret ihr,
Bis dass der rechte Ring den Mund eröffne? –
Doch halt! Ich höre ja, der rechte Ring
Besitzt die Wunderkraft beliebt zu machen;
Vor Gott und Menschen angenehm. Das muss
Entscheiden! Denn die falschen Ringe werden
Doch das nicht können! – Nun; wen lieben zwei
Von euch am meisten? – Macht, sagt an! Ihr schweigt?
Die Ringe wirken nur zurück? und nicht
Nach außen? Jeder liebt sich selber nur
Am meisten? – O so seid ihr alle drei
Betrogene Betrieger! Eure Ringe
Sind alle drei nicht echt. Der echte Ring
Vermutlich ging verloren. Den Verlust
Zu bergen, zu ersetzen, ließ der Vater

weis ich euch / Von meinem Stuhle (Richterstuhle) verweigere ich euch den Urteilsspruch; bin ich nicht bereit, eure Sache zu verhandeln

Betrieger Betrüger

bergen verbergen

Die drei für einen machen.

Saladin. Herrlich! herrlich!

Nathan. Und also; fuhr der Richter fort, wenn ihr
Nicht meinen Rat, statt meines Spruches, wollt:
Geht nur! – Mein Rat ist aber der: ihr nehmt
Die Sache völlig wie sie liegt. Hat von
Euch jeder seinen Ring von seinem Vater:
So glaube jeder sicher seinen Ring
Den echten. – Möglich; dass der Vater nun
Die Tyrannei des Einen Rings nicht länger
In seinem Hause dulden wollen! – Und gewiss;
Dass er euch alle drei geliebt, und gleich
Geliebt: indem er zwei nicht drücken mögen,
Um einen zu begünstigen. – Wohlan!
Es eifre jeder seiner unbestochnen
Von Vorurteilen freien Liebe nach!
Es strebe von euch jeder um die Wette,
Die Kraft des Steins in seinem Ring an Tag
Zu legen! komme dieser Kraft mit Sanftmut,
Mit herzlicher Verträglichkeit, mit Wohltun,
Mit innigster Ergebenheit in Gott,
Zu Hülf! Und wenn sich dann der Steine Kräfte
Bei euern Kindes-Kindeskindern äußern:
So lad ich über tausend tausend Jahre,
Sie wiederum vor diesen Stuhl. Da wird
Ein weisrer Mann auf diesem Stuhle sitzen,
Als ich; und sprechen. Geht! – So sagte der
Bescheidne Richter.

Saladin. Gott! Gott!

Nathan. Saladin,
Wenn du dich fühlest, dieser weisere
Versprochne Mann zu sein: ...

Saladin *der auf ihn zustürzt, und seine Hand ergreift,*

Spruches Richterspruches, Urteils

drücken benachteiligen

an Tag / Zu legen an den Tag zu legen, zu erweisen

sprechen ein Urteil sprechen, definitive Auskunft geben

die er bis zu Ende nicht wieder fahren lässt.
Ich Staub? Ich Nichts?
O Gott!

Nathan. Was ist dir, Sultan?

Saladin. Nathan, lieber Nathan! –
Die tausend tausend Jahre deines Richters
Sind noch nicht um. – Sein Richterstuhl ist nicht
Der meine. – Geh! – Geh! – Aber sei mein Freund.

Nathan. Und weiter hätte Saladin mir nichts
Zu sagen?

Saladin. Nichts.

Nathan. Nichts?

Saladin. Gar nichts. – Und warum?

Nathan. Ich hätte noch Gelegenheit gewünscht,
Dir eine Bitte vorzutragen.

Saladin. Braucht's
Gelegenheit zu einer Bitte? – Rede!

Nathan. Ich komm von einer weiten Reis', auf welcher
Ich Schulden eingetrieben. – Fast hab ich
Des baren Gelds zu viel. – Die Zeit beginnt
Bedenklich wiederum zu werden; – und
Ich weiß nicht recht, wo sicher damit hin. –
Da dacht' ich, ob nicht du vielleicht, – weil doch
Ein naher Krieg des Geldes immer mehr
Erfodert, – etwas brauchen könntest.

steif fest, gerade, unverwandt

Saladin *ihm steif in die Augen sehend.* Nathan! –
Ich will nicht fragen, ob Al-Hafi schon
Bei dir gewesen; – will nicht untersuchen,
Ob dich nicht sonst ein Argwohn treibt, mir dieses
Erbieten freierdings zu tun: ...

freierdings freiwillig, aus freien Stücken

Nathan. Ein Argwohn?

Saladin. Ich bin ihn wert. – Verzeih mir! – denn was hilft's?
Ich muss dir nur gestehen, – dass ich im

Begriffe war –
Nathan. Doch nicht, das Nämliche
An mich zu suchen?
Saladin. Allerdings.
Nathan. So wär
Uns beiden ja geholfen! – Dass ich aber
Dir alle meine Barschaft nicht kann schicken,
Das macht der junge Tempelherr. – Du kennst
Ihn ja. – Ihm hab ich eine große Post
Vorher noch zu bezahlen.
Saladin. Tempelherr?
Du wirst doch meine schlimmsten Feinde nicht
Mit deinem Geld auch unterstützen wollen?
Nathan. Ich spreche von dem einen nur, dem du
Das Leben spartest ...
Saladin. Ah! woran erinnerst
Du mich! – Hab ich doch diesen Jüngling ganz
Vergessen! – Kennst du ihn? – Wo ist er?
Nathan. Wie?
So weißt du nicht, wie viel von deiner Gnade
Für ihn, durch ihn auf mich geflossen? Er,
Er mit Gefahr des neu erhaltnen Lebens,
Hat meine Tochter aus dem Feu'r gerettet.
Saladin. Er? Hat er das? – Ha! darnach sah er aus.
Das hätte sicherlich mein Bruder auch getan,
Dem er so ähnelt! – Ist er denn noch hier?
So bring ihn her! – Ich habe meiner Schwester
Von diesem ihren Bruder, den sie nicht
Gekannt, so viel erzählet, dass ich sie
Sein Ebenbild doch auch muss sehen lassen! –
Geh, hol ihn! – Wie aus einer guten Tat,
Gebar sie auch schon bloße Leidenschaft,
Doch so viel andre gute Taten fließen!

das Nämliche / An mich zu suchen? dich mit dem entsprechenden Anliegen an mich zu wenden?

eine große Post einen großen Posten, einen schuldigen Betrag

spartest schontest

Gebar sie … Leidenschaft Auch wenn sie bloß ein spontaner Akt war

Geh, hol ihn!

Nathan *indem er Saladins Hand fahren lässt.*
Augenblicks! Und bei dem andern
Bleibt es doch auch? *Ab.*

Saladin. Ah! dass ich meine Schwester
Nicht horchen lassen! – Zu ihr! zu ihr! – Denn
Wie soll ich alles das ihr nun erzählen?
Ab von der andern Seite.

Achter Auftritt.

Die Szene: unter den Palmen, in der Nähe des Klosters, wo der **Tempelherr** *Nathans wartet.*

Nathans auf Nathan

Der Tempelherr *geht, mit sich selbst kämpfend, auf und ab; bis er losbricht.*

bis er losbricht bis es aus ihm herausbricht

– Hier hält das Opfertier ermüdet still. –
Nun gut! Ich mag nicht, mag nicht näher wissen,
Was in mir vorgeht; mag voraus nicht wittern,
Was vorgehn wird. – Genug, ich bin umsonst
Geflohn; umsonst. – Und weiter konnt' ich doch
Auch nichts, als fliehn? – Nun komm, was kommen soll! –
Ihm auszubeugen, war der Streich zu schnell
Gefallen; unter den zu kommen, ich
So lang und viel mich weigerte. – Sie sehn,
Die ich zu sehn so wenig lüstern war, –
Sie sehn, und der Entschluss, sie wieder aus
Den Augen nie zu lassen – Was Entschluss?
Entschluss ist Vorsatz, Tat: und ich, ich litt,
Ich litte bloß. – Sie sehn, und das Gefühl,
An sie verstrickt, in sie verwebt zu sein,
War eins. – Bleibt eins. – Von ihr getrennt

auszubeugen auszuweichen

Streich Schwerthieb (bildliche Rede)

lüstern begierig

litt erlitt, verhielt mich passiv

Zu leben, ist mir ganz undenkbar; wär
Mein Tod, – und wo wir immer nach dem Tode
Noch sind, auch da mein Tod. – Ist das nun Liebe:
So – liebt der Tempelritter freilich, – liebt
Der Christ das Judenmädchen freilich. – Hm!
Was tut's? – Ich hab in dem gelobten Lande, –
Und drum auch mir gelobt auf immerdar! –
Der Vorurteile mehr schon abgelegt. –
Was will mein Orden auch? Ich Tempelherr
Bin tot; war von dem Augenblick ihm tot,
Der mich zu Saladins Gefangnen machte.
Der Kopf, den Saladin mir schenkte, wär
Mein alter? – Ist ein neuer; der von allem
Nichts weiß, was jenem eingeplaudert ward,
Was jenen band. – Und ist ein bessrer; für
Den väterlichen Himmel mehr gemacht.
Das spür ich ja. Denn erst mit ihm beginn
Ich so zu denken, wie mein Vater hier
Gedacht muss haben; wenn man Märchen nicht
Von ihm mir vorgelogen. – Märchen? – doch
Ganz glaubliche; die glaublicher mir nie,
Als itzt geschienen, da ich nur Gefahr
Zu straucheln laufe, wo er fiel. – Er fiel?
Ich will mit Männern lieber fallen, als
Mit Kindern stehn. – Sein Beispiel bürget mir
Für seinen Beifall. Und an wessen Beifall
Liegt mir denn sonst? – An Nathans? – O an dessen
Ermunt'rung mehr, als Beifall, kann es mir
Noch weniger gebrechen. – Welch ein Jude! –
Und der so ganz nur Jude scheinen will!
Da kömmt er; kömmt mit Hast; glüht heitre Freude.
Wer kam vom Saladin je anders? – He!
He, Nathan!

in dem gelobten Lande in Israel (vgl. 2. Mose 3,8–22)

gebrechen fehlen

Neunter Auftritt.

Nathan *und der* **Tempelherr.**

Nathan. Wie? seid Ihr's?
Tempelherr. Ihr habt
Sehr lang Euch bei dem Sultan aufgehalten.
Nathan. So lange nun wohl nicht. Ich ward im Hingehn
Zu viel verweilt. – Ah, wahrlich Curd; der Mann
Steht seinen Ruhm. Sein Ruhm ist bloß sein Schatten. –
Doch lasst vor allen Dingen Euch geschwind
Nur sagen …

verweilt aufgehalten

Steht seinen Ruhm Entspricht seinem (guten) Ruf

Tempelherr. Was?
Nathan. Er will Euch sprechen; will,
Dass ungesäumt Ihr zu ihm kommt. Begleitet
Mich nur nach Hause, wo ich noch für ihn
Erst etwas anders zu verfügen habe:
Und dann, so gehn wir.
Tempelherr. Nathan, Euer Haus
Betret ich wieder eher nicht …
Nathan. So seid
Ihr doch indes schon da gewesen? habt
Indes sie doch gesprochen? – Nun? – Sagt: wie
Gefällt Euch Recha?
Tempelherr. Über allen Ausdruck! –
Allein, – sie wiedersehn – das werd ich nie!
Nie! nie! – Ihr müsstet mir zur Stelle denn
Versprechen: – dass ich sie auf immer, immer –
Soll können sehn.

zur Stelle auf der Stelle, sofort

Nathan. Wie wollt Ihr, dass ich das
Versteh?
Tempelherr *nach einer kurzen Pause ihm plötzlich um den Hals fallend.*

Mein Vater!
Nathan. – Junger Mann!
Tempelherr *ihn ebenso plötzlich wieder lassend.* Nicht Sohn? –
Ich bitt Euch, Nathan! –
Nathan. Lieber junger Mann!
Tempelherr.
Nicht Sohn? – Ich bitt Euch, Nathan! – Ich beschwör
Euch bei den ersten Banden der Natur! –
Zieht ihnen spätre Fesseln doch nicht vor! –
Begnügt Euch doch ein Mensch zu sein! – Stoßt mich
Nicht von Euch!
Nathan. Lieber, lieber Freund! ...
Tempelherr. Und Sohn?
Sohn nicht? – Auch dann nicht, dann nicht einmal, wenn
Erkenntlichkeit zum Herzen Eurer Tochter
Der Liebe schon den Weg gebahnet hätte?
Auch dann nicht einmal, wenn in eins zu schmelzen
Auf Euern Wink nur beide warteten? –
Ihr schweigt?
Nathan. Ihr überrascht mich, junger Ritter.
Tempelherr. Ich überrasch Euch? – überrasch Euch, Nathan,
Mit Euern eigenen Gedanken? – Ihr
Verkennt sie doch in meinem Munde nicht? –
Ich überrasch Euch?
Nathan. Eh ich einmal weiß,
Was für ein Stauffen Euer Vater denn
Gewesen ist!
Tempelherr. Was sagt Ihr, Nathan? was? –
In diesem Augenblicke fühlt Ihr nichts,
Als Neubegier?
Nathan. Denn seht! Ich habe selbst
Wohl einen Stauffen ehedem gekannt,
Der Conrad hieß.

ersten Banden der Natur spontanen, natürlichen Gefühlen

spätre Fesseln wie z. B. die Grenzen, die durch unterschiedliche Religions- oder Volkszugehörigkeit entstehen

Erkenntlichkeit Dankbarkeit

Tempelherr. Nun – wenn mein Vater denn
Nun ebenso geheißen hätte?
Nathan. Wahrlich?
Tempelherr. Ich heiße selber ja nach meinem Vater: Curd
Ist Conrad.
Nathan. Nun – so war mein Conrad doch
Nicht Euer Vater. Denn mein Conrad war,
Was Ihr; war Tempelherr; war nie vermählt.
Tempelherr. O darum!
Nathan. Wie?
Tempelherr. O darum könnt er doch
Mein Vater wohl gewesen sein.
Nathan. Ihr scherzt.
Tempelherr.
Und Ihr nehmt's wahrlich zu genau! – Was wär's
Denn nun? So was von Bastard oder Bankert!
Der Schlag ist auch nicht zu verachten. – Doch
Entlasst mich immer meiner Ahnenprobe.
Ich will Euch Eurer wiederum entlassen.
Nicht zwar, als ob ich den geringsten Zweifel
In Euern Stammbaum setzte. Gott behüte!
Ihr könnt ihn Blatt vor Blatt bis Abraham
Hinauf belegen. Und von da so weiter,
Weiß ich ihn selbst; will ich ihn selbst beschwören.

Bastard oder Bankert meist abfällig gemeinte Bezeichnungen für ein uneheliches Kind

Schlag Art, ›Menschenschlag‹

Entlasst mich immer meiner Ahnenprobe. Erlasst mir die Mühe, meinen Stammbaum vorweisen zu müssen.

Nathan. Ihr werdet bitter. – Doch verdien ich's? – Schlug
Ich denn Euch schon was ab? – Ich will Euch ja
Nur bei dem Worte nicht den Augenblick
So fassen. – Weiter nichts.
Tempelherr. Gewiss? – Nichts weiter?
O so vergebt! ...
Nathan. Nun kommt nur, kommt!
Tempelherr. Wohin?
Nein! – Mit in Euer Haus? – Das nicht! das nicht. –

Da brennt's! – Ich will Euch hier erwarten. Geht! –
Soll ich sie wiedersehn: so seh ich sie
Noch oft genug. Wo nicht: so sah ich sie
Schon viel zu viel ...

Nathan. Ich will mich möglichst eilen.

Zehnter Auftritt.

Der **Tempelherr** *und bald darauf* **Daja.**

Tempelherr.
Schon mehr als g'nug! – Des Menschen Hirn fasst so
Unendlich viel; und ist doch manchmal auch
So plötzlich voll! von einer Kleinigkeit
So plötzlich voll! – Taugt nichts, taugt nichts; es sei
Auch voll wovon es will. – Doch nur Geduld!
Die Seele wirkt den aufgedunsnen Stoff
Bald ineinander, schafft sich Raum, und Licht
Und Ordnung kommen wieder. – Lieb ich denn
Zum ersten Male? – Oder war, was ich
Als Liebe kenne, Liebe nicht? – Ist Liebe
Nur was ich itzt empfinde? ...

wirkt formt, verarbeitet

den aufgedunsnen Stoff den aufgegangenen Teig; hier: die durcheinandergebrachten Gefühle

Daja *die sich von der Seite herbeigeschlichen.* Ritter! Ritter!

Tempelherr. Wer ruft? – Ha, Daja, Ihr?

Daja. Ich habe mich
Bei ihm vorbeigeschlichen. Aber noch
Könnt er uns sehn, wo Ihr da steht. – Drum kommt
Doch näher zu mir, hinter diesen Baum.

Bei An

Tempelherr.
Was gibt's denn? – So geheimnisvoll? – Was ist's?

Daja. Ja wohl betrifft es ein Geheimnis, was
Mich zu Euch bringt; und zwar ein doppeltes.

Das eine weiß nur ich; das andre wisst
Nur Ihr. – Wie wär es, wenn wir tauschten?
Vertraut mir Euers: so vertrau ich Euch
Das Meine.

Tempelherr. Mit Vergnügen. – Wenn ich nur
Erst weiß, was Ihr für Meines achtet. Doch
Das wird aus Euerm wohl erhellen. – Fangt
Nur immer an.

achtet erachtet, haltet

erhellen deutlich werden, klar werden

Daja. Ei denkt doch! – Nein, Herr Ritter:
Erst Ihr; ich folge. – Denn versichert, mein
Geheimnis kann Euch gar nichts nutzen, wenn
Ich nicht zuvor das Eure habe. – Nur
Geschwind! – Denn frag ich's Euch erst ab: so habt
Ihr nichts vertrauet. Mein Geheimnis dann
Bleibt mein Geheimnis; und das Eure seid
Ihr los. – Doch armer Ritter! – Dass ihr Männer
Ein solch Geheimnis vor uns Weibern haben
Zu können, auch nur glaubt!

Denn versichert Denn gewiss

Tempelherr. Das wir zu haben
Oft selbst nicht wissen.

Daja. Kann wohl sein. Drum muss
Ich freilich erst, Euch selbst damit bekannt
Zu machen, schon die Freundschaft haben. – Sagt:
Was hieß denn das, dass Ihr so Knall und Fall
Euch aus dem Staube machtet? dass Ihr uns
So sitzen ließet? – dass Ihr nun mit Nathan
Nicht wiederkommt? – Hat Recha denn so wenig
Auf Euch gewirkt? wie? oder auch, so viel? –
So viel! so viel! – Lehrt Ihr des armen Vogels,
Der an der Rute klebt, Geflattre mich
Doch kennen! – Kurz: gesteht es mir nur gleich,
Dass Ihr sie liebt, liebt bis zum Unsinn; und
Ich sag Euch was ...

Freundschaft Freundlichkeit

des armen Vogels ... Geflattre die erfolglosen Befreiungsversuche eines auf einer Leimrute gefangenen Vogels

Unsinn Wahnsinn

Tempelherr. Zum Unsinn? Wahrlich; Ihr
Versteht Euch trefflich drauf.
Daja. Nun gebt mir nur
Die Liebe zu; den Unsinn will ich Euch
Erlassen.
Tempelherr. Weil er sich von selbst versteht? –
Ein Tempelherr ein Judenmädchen lieben! ...
Daja. Scheint freilich wenig Sinn zu haben. – Doch
Zuweilen ist des Sinns in einer Sache
Auch mehr, als wir vermuten; und es wäre
So unerhört doch nicht, dass uns der Heiland
Auf Wegen zu sich zöge, die der Kluge
Von selbst nicht leicht betreten würde.
Tempelherr. Das
So feierlich? – (Und setz ich statt des Heilands
Die Vorsicht: hat sie denn nicht Recht? –) Ihr macht
Mich neubegieriger, als ich wohl sonst
Zu sein gewohnt bin.
Daja. O! das ist das Land
Der Wunder!
Tempelherr. (Nun! – des Wunderbaren. Kann
Es auch wohl anders sein? Die ganze Welt
Drängt sich ja hier zusammen.) – Liebe Daja,
Nehmt für gestanden an, was Ihr verlangt:
Dass ich sie liebe; dass ich nicht begreife,
Wie ohne sie ich leben werde; dass ...
Daja. Gewiss? gewiss? – So schwört mir, Ritter, sie
Zur Eurigen zu machen; sie zu retten;
Sie zeitlich hier, sie ewig dort zu retten.
Tempelherr.
Und wie? – Wie kann ich? – Kann ich schwören, was
In meiner Macht nicht steht?
Daja. In Eurer Macht

Vorsicht Vorsehung, Schicksal

Steht es. Ich bring es durch ein einzig Wort
In Eure Macht.

Tempelherr. Dass selbst der Vater nichts
Dawider hätte?

Dawider Dagegen

Daja. Ei, was Vater! Vater!
Der Vater soll schon müssen.

Tempelherr. Müssen, Daja? –
Noch ist er unter Räuber nicht gefallen. –
Er muss nicht müssen.

Daja. Nun, so muss er wollen;
Muss gern am Ende wollen.

Tempelherr. Muss und gern! –
Doch, Daja, wenn ich Euch nun sage, dass
Ich selber diese Sait' ihm anzuschlagen
Bereits versucht?

fiel nicht ein ging nicht darauf ein

Daja. Was? und er fiel nicht ein?

Tempelherr. Er fiel mit einem Misslaut ein, der mich –
Beleidigte.

Daja. Was sagt Ihr? – Wie? Ihr hättet
Den Schatten eines Wunsches nur nach Recha
Ihm blicken lassen: und er wär vor Freuden
Nicht aufgesprungen? hätte frostig sich
Zurückgezogen? hätte Schwierigkeiten
Gemacht?

Tempelherr. So ungefähr.

Daja. So will ich denn
Mich länger keinen Augenblick bedenken – *Pause.*

Tempelherr. Und Ihr bedenkt Euch doch?

Daja. Der Mann ist sonst
So gut! – Ich selber bin so viel ihm schuldig! –
Dass er doch gar nicht hören will! – Gott weiß,
Das Herze blutet mir, ihn so zu zwingen.

Tempelherr. Ich bitt Euch, Daja, setzt mich kurz und gut

Aus dieser Ungewissheit. Seid Ihr aber
Noch selber ungewiss; ob, was Ihr vorhabt,
Gut oder Böse, Schändlich oder Löblich
Zu nennen: – schweigt! Ich will vergessen, dass
Ihr etwas zu verschweigen habt.

Daja. Das spornt
Anstatt zu halten. Nun; so wisst denn: Recha
Ist keine Jüdin; ist – ist eine Christin.

Tempelherr *kalt.*
So? Wünsch Euch Glück! Hat's schwer gehalten? Lasst
Euch nicht die Wehen schrecken! – Fahret ja
Mit Eifer fort, den Himmel zu bevölkern;
Wenn Ihr die Erde nicht mehr könnt!

Hat's schwer gehalten? (ironisch): Es ist Euch wohl sehr schwergefallen, mir dies anzuvertrauen?

Daja. Wie, Ritter?
Verdienet meine Nachricht diesen Spott?
Dass Recha eine Christin ist: das freuet
Euch, einen Christen, einen Tempelherrn,
Der Ihr sie liebt, nicht mehr?

Tempelherr. Besonders, da
Sie eine Christin ist von Eurer Mache.

Daja. Ah! so versteht Ihr's? So mag's gelten! – Nein!
Den will ich sehn, der die bekehren soll!
Ihr Glück ist, längst zu sein, was sie zu werden
Verdorben ist.

Tempelherr. Erklärt Euch, oder – geht!

Daja. Sie ist ein Christenkind; von Christeneltern
Geboren; ist getauft ...

Tempelherr *hastig.* Und Nathan?

Daja. Nicht
Ihr Vater!

Tempelherr. Nathan nicht ihr Vater? – Wisst
Ihr, was Ihr sagt?

Daja. Die Wahrheit, die so oft

Mich blut'ge Tränen weinen machen. – Nein,
Er ist ihr Vater nicht …

Tempelherr. Und hätte sie,
Als seine Tochter nur erzogen? hätte
Das Christenkind als eine Jüdin sich
Erzogen?

Daja. Ganz gewiss.

Tempelherr. Sie wüsste nicht,
Was sie geboren sei? – Sie hätt es nie
Von ihm erfahren, dass sie eine Christin
Geboren sei, und keine Jüdin?

Was sie Als was sie

Daja. Nie!

Tempelherr. Er hätt in diesem Wahne nicht das Kind
Bloß auferzogen? ließ das Mädchen noch
In diesem Wahne?

Daja. Leider!

Tempelherr. Nathan – Wie? –
Der weise gute Nathan hätte sich
Erlaubt, die Stimme der Natur so zu
Verfälschen? – Die Ergießung eines Herzens
So zu verlenken, die, sich selbst gelassen,
Ganz andre Wege nehmen würde? – Daja,
Ihr habt mir allerdings etwas vertraut –
Von Wichtigkeit, – was Folgen haben kann, –
Was mich verwirrt, – worauf ich gleich nicht weiß,
Was mir zu tun. – Drum lasst mir Zeit. – Drum geht!
Er kömmt hier wiederum vorbei. Er möcht
Uns überfallen. Geht!

zu verlenken umzulenken, in eine falsche Richtung zu lenken

sich selbst gelassen sich selbst überlassen

allerdings in der Tat

möcht / Uns überfallen könnte uns überraschen

Daja. Ich wär des Todes!

Tempelherr. Ich bin ihn itzt zu sprechen ganz und gar
Nicht fähig. Wenn Ihr ihm begegnet, sagt
Ihm nur, dass wir einander bei dem Sultan
Schon finden würden.

Daja. Aber lasst Euch ja
Nichts merken gegen ihn. – Das soll nur so
Den letzten Druck dem Dinge geben; soll
Euch, Rechas wegen, alle Skrupel nur
Benehmen! – Wenn Ihr aber dann, sie nach
Europa führt: so lasst Ihr doch mich nicht
Zurück?

Tempelherr. Das wird sich finden. Geht nur, geht!

1. Auftritt: Daja bringt Recha den Wunsch gegenüber, sie mit dem Tempelritter nach Europa zu gehen. Sie verneint.

2. Auftritt: Tempelritter kommt zu Besuch – man erfährt von der Zuneigung des Tempelherrns und Rechas gegenüber – am Ende ist Tempelritter verunsichert

3. Auftritt: Recha und Daja unterhalten sich über Tempelherrn. Daja will es ausnutzen, dass Tempelritter verunsichert ist.

4. Auftritt: Saladin und Sittah unterhalten sich und wollen Nathan nach Geld fragen, Saladin hat Gewissensbisse.

Vierter Aufzug.

Erster Auftritt.

Szene: in den Kreuzgängen des Klosters.
Der **Klosterbruder** *und bald darauf der* **Tempelherr.**

Klosterbruder. Ja, ja! er hat schon Recht, der Patriarch!
Es hat mir freilich noch von alledem
Nicht viel gelingen wollen, was er mir
So aufgetragen. – Warum trägt er mir
Auch lauter solche Sachen auf? – Ich mag
Nicht fein sein; mag nicht überreden; mag
Mein Näschen nicht in alles stecken; mag
Mein Händchen nicht in allem haben. – Bin
Ich darum aus der Welt geschieden, ich
Für mich; um mich für andre mit der Welt
Noch erst recht zu verwickeln?
Tempelherr *mit Hast auf ihn zukommend.* Guter Bruder!
Da seid Ihr ja. Ich hab Euch lange schon
Gesucht.
Klosterbruder. Mich, Herr?
Tempelherr. Ihr kennt mich schon nicht mehr?
Klosterbruder.
Doch, doch! Ich glaubte nur, dass ich den Herrn
In meinem Leben wieder nie zu sehn
Bekommen würde. Denn ich hofft' es zu
Dem lieben Gott. – Der liebe Gott, der weiß
Wie sauer mir der Antrag ward, den ich
Dem Herrn zu tun verbunden war. Er weiß,
Ob ich gewünscht, ein offnes Ohr bei Euch
Zu finden; weiß, wie sehr ich mich gefreut,
Im Innersten gefreut, dass Ihr so rund

hofft' es zu / Dem lieben Gott hoffte es bei Gott

verbunden gezwungen, verpflichtet

rund klar, offen, bestimmt

Das alles, ohne viel Bedenken, von
Euch wies't, was einem Ritter nicht geziemt. –
Nun kommt Ihr doch; nun hat's doch nachgewirkt!

Tempelherr. Ihr wisst es schon, warum ich komme? Kaum
Weiß ich es selbst.

Klosterbruder. Ihr habt's nun überlegt;
Habt nun gefunden, dass der Patriarch
So Unrecht doch nicht hat; dass Ehr und Geld
Durch seinen Anschlag zu gewinnen; dass
Ein Feind ein Feind ist, wenn er unser Engel
Auch siebenmal gewesen wäre. Das,
Das habt Ihr nun mit Fleisch und Blut erwogen,
Und kommt, und tragt Euch wieder an. – Ach Gott!

Tempelherr.
Mein frommer, lieber Mann! gebt Euch zufrieden.
Deswegen komm ich nicht; deswegen will
Ich nicht den Patriarchen sprechen. Noch,
Noch denk ich über jenen Punkt, wie ich
Gedacht, und wollt um alles in der Welt
Die gute Meinung nicht verlieren, deren
Mich ein so grader, frommer, lieber Mann
Einmal gewürdiget. – Ich komme bloß,
Den Patriarchen über eine Sache
Um Rat zu fragen ...

Klosterbruder. Ihr den Patriarchen?
Ein Ritter, einen – Pfaffen?
Sich schüchtern umsehend.

Tempelherr. Ja; – die Sach
Ist ziemlich pfäffisch.

Klosterbruder. Gleichwohl fragt der Pfaffe
Den Ritter nie, die Sache sei auch noch
So ritterlich.

Tempelherr. Weil er das Vorrecht hat,

mit Fleisch und Blut als (fehlbarer, verführbarer, eigennütziger) Mensch

tragt Euch wieder an bietet Euch wieder an

Pfaffen abschätzig für: Geistlichen

Sich zu vergehn; das unsereiner ihm
Nicht sehr beneidet. – Freilich, wenn ich nur
Für mich zu handeln hätte; freilich, wenn
Ich Rechenschaft nur mir zu geben hätte:
Was braucht ich Euers Patriarchen? Aber
Gewisse Dinge will ich lieber schlecht,
Nach andrer Willen, machen; als allein
Nach meinem, gut. – Zudem, ich seh nun wohl,
Religion ist auch Partei; und wer
Sich drob auch noch so unparteiisch glaubt,
Hält, ohn' es selbst zu wissen, doch nur seiner
Die Stange. Weil das einmal nun so ist:
Wird's so wohl recht sein.

Hält … doch nur seiner / Die Stange Schlägt sich kritiklos auf die Seite seiner Partei / Religion

Klosterbruder. Dazu schweig ich lieber.
Denn ich versteh den Herrn nicht recht.

Tempelherr. Und doch! –
(Lass sehn, warum mir eigentlich zu tun!
Um Machtspruch oder Rat? – Um lautern, oder
Gelehrten Rat?) – Ich dank Euch, Bruder; dank
Euch für den guten Wink. – Was Patriarch? –
Seid Ihr mein Patriarch! Ich will ja doch
Den Christen mehr im Patriarchen, als
Den Patriarchen in dem Christen fragen. –
Die Sach ist die …

lautern aufrichtigen, ehrlichen

Wink Hinweis

Klosterbruder. Nicht weiter, Herr, nicht weiter!
Wozu? – Der Herr verkennt mich. – Wer viel weiß,
Hat viel zu sorgen; und ich habe ja
Mich Einer Sorge nur gelobt. – O gut!
Hört! seht! Dort kömmt, zu meinem Glück, er selbst.
Bleibt hier nur stehn. Er hat Euch schon erblickt.

Mich Einer Sorge nur gelobt (als Laienbruder) nur das Gelübde des Gehorsams abgelegt

Zweiter Auftritt.

Der **Patriarch,** *welcher mit allem geistlichen Pomp den einen Kreuzgang heraufkömmt, und die* **Vorigen.**

mit allem geistlichen Pomp → Seite 171

Tempelherr.
Ich wich ihm lieber aus. – Wär nicht mein Mann! –
Ein dicker, roter, freundlicher Prälat!
Und welcher Prunk!

Prälat → Seite 172

Klosterbruder. Ihr solltet ihn erst sehn,
Nach Hofe sich erheben. Itzo kömmt
Er nur von einem Kranken.

Nach Hofe sich erheben Wenn er sich aufmacht, um bei Hofe zu erscheinen

Tempelherr. Wie sich da
Nicht Saladin wird schämen müssen!
Patriarch *indem er näher kömmt, winkt dem Bruder.* Hier! –
Das ist ja wohl der Tempelherr. Was will
Er?
Klosterbruder. Weiß nicht.
Patriarch *auf ihn zugehend, indem der Bruder und das Gefolge zurücktreten.*
Nun, Herr Ritter! – Sehr erfreut
Den braven jungen Mann zu sehn! – Ei, noch
So gar jung! – Nun, mit Gottes Hülfe, daraus
Kann etwas werden.
Tempelherr. Mehr, ehrwürd'ger Herr,
Wohl schwerlich, als schon ist. Und eher noch,
Was weniger.
Patriarch. Ich wünsche wenigstens,
Dass so ein frommer Ritter lange noch
Der lieben Christenheit, der Sache Gottes
Zu Ehr und Frommen blühn und grünen möge!
Das wird denn auch nicht fehlen, wenn nur fein
Die junge Tapferkeit dem reifen Rate

Frommen Nutzen

Des Alters folgen will! – Womit wär sonst
Dem Herrn zu dienen?

Tempelherr. Mit dem nämlichen,
Woran es meiner Jugend fehlt: mit Rat.

Patriarch. Recht gern! – Nur ist der Rat auch anzunehmen.

Tempelherr.
Doch blindlings nicht?

Patriarch. Wer sagt denn das? – Ei freilich
Muss niemand die Vernunft, die Gott ihm gab,
Zu brauchen unterlassen, – wo sie hin-
Gehört. – Gehört sie aber überall
Denn hin? – O nein! – Zum Beispiel: wenn uns Gott
Durch einen seiner Engel, – ist zu sagen,
Durch einen Diener seines Worts, – ein Mittel
Bekannt zu machen würdiget, das Wohl
Der ganzen Christenheit, das Heil der Kirche,
Auf irgendeine ganz besondre Weise
Zu fördern, zu befestigen: wer darf
Sich da noch unterstehn, die Willkür des,
Der die Vernunft erschaffen, nach Vernunft
Zu untersuchen? und das ewige
Gesetz der Herrlichkeit des Himmels, nach
Den kleinen Regeln einer eiteln Ehre
Zu prüfen? – Doch hiervon genug. – Was ist
Es denn, worüber unsern Rat für itzt
Der Herr verlangt?

Tempelherr. Gesetzt, ehrwürd'ger Vater,
Ein Jude hätt ein einzig Kind, – es sei
Ein Mädchen, – das er mit der größten Sorgfalt
Zu allem Guten auferzogen, das
Er liebe mehr als seine Seele, das
Ihn wieder mit der frömmsten Liebe liebe.
Und nun würd unsereinem hinterbracht,

Dies Mädchen sei des Juden Tochter nicht;
Er hab es in der Kindheit aufgelesen,
Gekauft, gestohlen, – was Ihr wollt; man wisse,
Das Mädchen sei ein Christenkind, und sei
Getauft; der Jude hab es nur als Jüdin
Erzogen; lass es nur als Jüdin und
Als seine Tochter so verharren: – sagt,
Ehrwürd'ger Vater, was wär hierbei wohl
Zu tun?

Patriarch. Mich schaudert! – Doch zuallererst
Erkläre sich der Herr, ob so ein Fall
Ein Faktum oder eine Hypothes'.
Das ist zu sagen: ob der Herr sich das
Nur bloß so dichtet, oder ob's geschehn,
Und fortfährt zu geschehn.

Tempelherr. Ich glaubte, das
Sei eins, um Euer Hochehrwürden Meinung
Bloß zu vernehmen.

Patriarch. Eins? – Da seh der Herr
Wie sich die stolze menschliche Vernunft
Im Geistlichen doch irren kann. – Mitnichten!
Denn ist der vorgetragne Fall nur so
Ein Spiel des Witzes: so verlohnt es sich
Der Mühe nicht, im Ernst ihn durchzudenken.
Ich will den Herrn damit auf das Theater
Verwiesen haben, wo dergleichen *pro*
Et contra sich mit vielem Beifall könnte
Behandeln lassen. – Hat der Herr mich aber
Nicht bloß mit einer theatral'schen Schnurre
Zum Besten; ist der Fall ein Faktum; hätt
Er sich wohl gar in unsrer Diözes',
In unsrer lieben Stadt Jerusalem,
Eräugnet: – ja alsdann –

Faktum (lat.) Tatsache

Hypothes' (griech.) Annahme

sich … dichtet sich ausdenkt, erfindet

sei eins sei gleichgültig, nicht von Belang

des Witzes des Geistes, des Verstandes

pro / Et contra (lat.) für und wider

Schnurre Posse, Schwank, (komische) Anekdote

Diözes' Amtsgebiet eines katholischen Bischofs

fördersamst unverzüglich, schnellstens

obbesagte oben erwähnte

Apostasie (griech.) Abfall vom Glauben

Tempelherr. Und was alsdann?
Patriarch. Dann wäre mit dem Juden fördersamst
Die Strafe zu vollziehn, die päpstliches
Und kaiserliches Recht so einem Frevel,
So einer Lastertat bestimmen.
Tempelherr. So?
Patriarch. Und zwar bestimmen obbesagte Rechte
Dem Juden, welcher einen Christen zur
Apostasie verführt, – den Scheiterhaufen, –
Den Holzstoß –
Tempelherr. So?
Patriarch. Und wie vielmehr dem Juden,
Der mit Gewalt ein armes Christenkind
Dem Bunde seiner Tauf' entreißt! Denn ist
Nicht alles, was man Kindern tut, Gewalt? –
Zu sagen: – ausgenommen, was die Kirch
An Kindern tut.
Tempelherr. Wenn aber nun das Kind,
Erbarmte seiner sich der Jude nicht,
Vielleicht im Elend umgekommen wäre?
Patriarch.
Tut nichts! der Jude wird verbrannt. – Denn besser,
Es wäre hier im Elend umgekommen,
Als dass zu seinem ewigen Verderben
Es so gerettet ward. – Zudem, was hat
Der Jude GOtt denn vorzugreifen? GOtt
Kann, wen er retten will, schon ohn' ihn retten.
Tempelherr.
Auch trotz ihm, sollt ich meinen, – selig machen.
Patriarch. Tut nichts! der Jude wird verbrannt.
Tempelherr. Das geht
Mir nah! Besonders, da man sagt, er habe
Das Mädchen nicht sowohl in seinem, als

Vielmehr in keinem Glauben auferzogen,
Und sie von Gott nicht mehr nicht weniger
Gelehrt, als der Vernunft genügt.

Patriarch. Tut nichts!
Der Jude wird verbrannt ... Ja, wär allein
Schon dieserwegen wert, dreimal verbrannt
Zu werden! – Was? ein Kind ohn allen Glauben
Erwachsen lassen? – Wie? die große Pflicht
Zu glauben, ganz und gar ein Kind nicht lehren?
Das ist zu arg! – Mich wundert sehr, Herr Ritter,
Euch selbst ...

Tempelherr. Ehrwürd'ger Herr, das Übrige,
Wenn Gott will, in der Beichte. *Will gehn.*

Patriarch. Was? mir nun
Nicht einmal Rede stehn? – Den Bösewicht,
Den Juden mir nicht nennen? – mir ihn nicht
Zur Stelle schaffen? – O da weiß ich Rat!
Ich geh sogleich zum Sultan. – Saladin,
Vermöge der Kapitulation,
Die er beschworen, muss uns, muss uns schützen;
Bei allen Rechten, allen Lehren schützen,
Die wir zu unsrer allerheiligsten
Religion nur immer rechnen dürfen!
Gottlob! wir haben das Original.
Wir haben seine Hand, sein Siegel. Wir! –
Auch mach ich ihm gar leicht begreiflich, wie
Gefährlich selber für den Staat es ist,
Nichts glauben! Alle bürgerliche Bande
Sind aufgelöset, sind zerrissen, wenn
Der Mensch nichts glauben darf. – Hinweg! hinweg
Mit solchem Frevel! ...

Tempelherr. Schade, dass ich nicht
Den trefflichen Sermon mit bessrer Muße

dieserwegen deswegen

Kapitulation → Seite 172

Hand Handschrift, Unterschrift

Sermon (lat.) Rede, (Straf-) Predigt

Genießen kann! Ich bin zum Saladin
Gerufen.

Patriarch. Ja? – Nun so – Nun freilich – Dann –

Tempelherr. Ich will den Sultan vorbereiten, wenn
Es Eurer Hochehrwürden so gefällt.

Patriarch. O, oh! – Ich weiß, der Herr hat Gnade funden
Vor Saladin! – Ich bitte meiner nur
Im Besten bei ihm eingedenk zu sein. –
Mich treibt der Eifer Gottes lediglich.
Was ich zu viel tu, tu ich ihm. – Das wolle
Doch ja der Herr erwägen! – Und nicht wahr,
Herr Ritter? Das vorhin Erwähnte von
Dem Juden, war nur ein Problema? – ist
Zu sagen –

Problema (griech.-lat.) rein theoretische, abstrakte Streitfrage

Tempelherr. Ein Problema. *Geht ab.*

Patriarch. (Dem ich tiefer
Doch auf den Grund zu kommen suchen muss.
Das wär so wiederum ein Auftrag für
Den Bruder Bonafides.) – Hier, mein Sohn!
Er spricht im Abgehn mit dem Klosterbruder.

Bonafides (lat.) guter Glaube (sprechender Name)

Dritter Auftritt.

Szene: ein Zimmer im Palaste des Saladin, in welches von **Sklaven** *eine Menge Beutel getragen, und auf dem Boden nebeneinandergestellt werden.*
Saladin *und bald darauf* **Sittah.**

Saladin *der dazukömmt.*
Nun wahrlich! das hat noch kein Ende. – Ist
Des Dings noch viel zurück?

Ist / Des Dings noch viel zurück? Ist noch viel davon draußen?

Ein Sklave. Wohl noch die Hälfte.

Saladin. So tragt das Übrige zu Sittah. – Und
Wo bleibt Al-Hafi? Das hier soll sogleich
Al-Hafi zu sich nehmen. – Oder ob
Ich's nicht vielmehr dem Vater schicke? Hier
Fällt mir es doch nur durch die Finger. – Zwar
Man wird wohl endlich hart; und nun gewiss
Soll's Künste kosten, mir viel abzuzwacken.
Bis wenigstens die Gelder aus Ägypten
Zur Stelle kommen, mag das Armut sehn
Wie's fertig wird! – Die Spenden bei dem Grabe,
Wenn die nur fortgehn! Wenn die Christenpilger
Mit leeren Händen nur nicht abziehn dürfen!
Wenn nur –

das Armut die armen Leute

Spenden bei dem Grabe → Seite 172

Sittah. Was soll nun das? Was soll das Geld
Bei mir?

Saladin. Mach dich davon bezahlt; und leg
Auf Vorrat, wenn was übrig bleibt.

Sittah. Ist Nathan
Noch mit dem Tempelherrn nicht da?

Saladin. Er sucht
Ihn allerorten.

Sittah. Sieh doch, was ich hier,
Indem mir so mein alt Geschmeide durch
Die Hände geht, gefunden.
Ihm ein klein Gemälde zeigend.

Geschmeide Schmuck

ein klein Gemälde wohl ein Miniaturporträt

Saladin. Ha! mein Bruder!
Das ist er, ist er! – War er! war er! ah! –
Ah wackrer lieber Junge, dass ich dich
So früh verlor! Was hätt ich erst mit dir,
An deiner Seit erst unternommen! – Sittah,
Lass mir das Bild. Auch kenn ich's schon: er gab
Es deiner ältern Schwester, seiner Lilla,
Die eines Morgens ihn so ganz und gar

Nicht aus den Armen lassen wollt'. Es war
Der letzte, den er ausritt. – Ah, ich ließ
Ihn reiten, und allein! – Ah, Lilla starb
Vor Gram, und hat mir's nie vergeben, dass
Ich so allein ihn reiten lassen. – Er
Blieb weg!

Sittah. Der arme Bruder!

Saladin. Lass nur gut
Sein! – Einmal bleiben wir doch alle weg! –
Zudem, – wer weiß? Der Tod ist's nicht allein,
Der einem Jüngling seiner Art das Ziel
Verrückt. Er hat der Feinde mehr; und oft
Erliegt der Stärkste gleich dem Schwächsten. – Nun,
Sei wie ihm sei! – Ich muss das Bild doch mit
Dem jungen Tempelherrn vergleichen; muss
Doch sehn, wie viel mich meine Phantasie
Getäuscht.

Sittah. Nur darum bring ich's. Aber gib
Doch, gib! Ich will dir das wohl sagen; das
Versteht ein weiblich Aug am besten.

Saladin *zu einem Türsteher, der hereintritt.* Wer
Ist da? – der Tempelherr? – Er komm!

Sittah. Euch nicht
Zu stören: ihn mit meiner Neugier nicht
Zu irren –
Sie setzt sich seitwärts auf einen Sofa und lässt den Schleier fallen.

irren irritieren

Saladin. Gut so! gut! – (Und nun sein Ton!
Wie der wohl sein wird! – Assads Ton
Schläft auch wohl wo in meiner Seele noch!)

sein Ton seine Stimme

Vierter Auftritt.

Der **Tempelherr** *und* **Saladin.**

Tempelherr. Ich, dein Gefangner, Sultan ...
Saladin. Mein Gefangner?
Wem ich das Leben schenke, werd ich dem
Nicht auch die Freiheit schenken?
Tempelherr. Was dir ziemt
Zu tun, ziemt mir, erst zu vernehmen, nicht
Vorauszusetzen. Aber, Sultan, – Dank,
Besondern Dank dir für mein Leben zu
Beteuern, stimmt mit meinem Stand und meinem
Charakter nicht. – Es steht in allen Fällen
Zu deinen Diensten wieder.
Saladin. Brauch es nur
Nicht wider mich! – Zwar ein paar Hände mehr,
Die gönnt ich meinem Feinde gern. Allein
Ihm so ein Herz auch mehr zu gönnen, fällt
Mir schwer. – Ich habe mich mit dir in nichts
Betrogen, braver junger Mann! Du bist
Mit Seel und Leib mein Assad. Sieh! ich könnte
Dich fragen: wo du denn die ganze Zeit
Gesteckt? in welcher Höhle du geschlafen?
In welchem Ginnistan, von welcher guten
Div diese Blume fort und fort so frisch
Erhalten worden? Sieh! ich könnte dich
Erinnern wollen, was wir dort und dort
Zusammen ausgeführt. Ich könnte mit
Dir zanken, dass du Ein Geheimnis doch
Vor mir gehabt! Ein Abenteuer mir
Doch unterschlagen: – Ja, das könnt ich; wenn
Ich dich nur säh, und nicht auch mich. – Nun, mag's!

Ginnistan (arab.-pers.) Feenland; der Dschinn ist ein Fabelwesen der arabischen Mythologie.

Div Fee

Von dieser süßen Träumerei ist immer
Doch so viel wahr, dass mir in meinem Herbst
Ein Assad wieder blühen soll. – Du bist
Es doch zufrieden, Ritter?

Tempelherr. Alles, was
Von dir mir kömmt, – sei was es will – das lag
Als Wunsch in meiner Seele.

Saladin. Lass uns das
Sogleich versuchen. – Bliebst du wohl bei mir?
Um mir? – Als Christ, als Muselmann: gleichviel!
Im weißen Mantel, oder Jamerlonk;
Im Tulban, oder deinem Filze: wie
Du willst! Gleichviel! Ich habe nie verlangt,
Dass allen Bäumen Eine Rinde wachse.

Tempelherr.
Sonst wärst du wohl auch schwerlich, der du bist:
Der Held, der lieber Gottes Gärtner wäre.

Saladin.
Nun dann; wenn du nicht schlechter von mir denkst:
So wären wir ja halb schon richtig?

Tempelherr. Ganz!

Saladin *ihm die Hand bietend.*
Ein Wort?

Tempelherr *einschlagend.*
Ein Mann! – Hiermit empfange mehr
Als du mir nehmen konntest. Ganz der Deine!

Saladin. Zu viel Gewinn für einen Tag! zu viel! –
Kam er nicht mit?

Tempelherr. Wer?

Saladin. Nathan.

Tempelherr *frostig.* Nein. Ich kam
Allein.

Saladin. Welch eine Tat von dir! Und welch

- *in meinem Herbst* im Herbst meines Lebens, im Alter
- *Um mir* In meiner Nähe
- *weißen Mantel* Tracht der Tempelritter
- *Jamerlonk* weißes kleidartiges Obergewand der arabischen Muslime
- *Tulban* Turban; Kopfbedeckung u. a. der arabischen Muslime
- *Filze* Filzkappe der Tempelritter
- *richtig* einig

Ein weises Glück, dass eine solche Tat
Zum Besten eines solchen Mannes ausschlug.

Tempelherr. Ja, ja!

Saladin. So kalt? – Nein, junger Mann! wenn Gott
Was Gutes durch uns tut, muss man so kalt
Nicht sein! – selbst aus Bescheidenheit so kalt
Nicht scheinen wollen!

Tempelherr. Dass doch in der Welt
Ein jedes Ding so manche Seiten hat! –
Von denen oft sich gar nicht denken lässt,
Wie sie zusammenpassen!

Saladin. Halte dich
Nur immer an die best', und preise Gott!
Der weiß, wie sie zusammenpassen. – Aber,
Wenn du so schwierig sein willst, junger Mann:
So werd auch ich ja wohl auf meiner Hut
Mich mit dir halten müssen? Leider bin
Auch ich ein Ding von vielen Seiten, die
Oft nicht so recht zu passen scheinen mögen.

auf meiner Hut / Mich mit dir halten dir gegenüber vorsichtig sein

Tempelherr.
Das schmerzt! – Denn Argwohn ist so wenig sonst
Mein Fehler –

Saladin. Nun, so sage doch, mit wem
Du's hast? – Es schien ja gar, mit Nathan. Wie?
Auf Nathan Argwohn? du? – Erklär dich! sprich!
Komm, gib mir deines Zutrauns erste Probe.

Tempelherr. Ich habe wider Nathan nichts. Ich zürn
Allein mit mir –

Saladin. Und über was?

Tempelherr. Dass mir
Geträumt, ein Jude könn auch wohl ein Jude
Zu sein verlernen; dass mir wachend so
Geträumt.

Saladin. Heraus mit diesem wachen Traume!
Tempelherr. Du weißt von Nathans Tochter, Sultan. Was
Ich für sie tat, das tat ich, – weil ich's tat.
Zu stolz, Dank einzuernten, wo ich ihn
Nicht säete, verschmäht' ich Tag für Tag
Das Mädchen noch einmal zu sehn. Der Vater
War fern; er kömmt; er hört; er sucht mich auf;
Er dankt; er wünscht, dass seine Tochter mir
Gefallen möge; spricht von Aussicht, spricht
Von heitern Fernen. – Nun, ich lasse mich
Beschwatzen, komme, sehe, finde wirklich
Ein Mädchen – Ah, ich muss mich schämen, Sultan! –
Saladin. Dich schämen? – dass ein Judenmädchen auf
Dich Eindruck machte: doch wohl nimmermehr?
Tempelherr. Dass diesem Eindruck, auf das liebliche
Geschwätz des Vaters hin, mein rasches Herz
So wenig Widerstand entgegensetzte! –
Ich Tropf! ich sprang zum zweiten Mal ins Feuer. –
Denn nun warb ich, und nun ward ich verschmäht.

Tropf dummer, einfältiger Mensch

Saladin. Verschmäht?
Tempelherr. Der weise Vater schlägt nun wohl
Mich platterdings nicht aus. Der weise Vater
Muss aber doch sich erst erkunden, erst
Besinnen. Allerdings! Tat ich denn das
Nicht auch? Erkundete, besann ich denn
Mich erst nicht auch, als sie im Feuer schrie? –
Fürwahr! bei Gott! Es ist doch gar was Schönes,
So weise, so bedächtig sein!

platterdings ohne Weiteres, schlichtweg

Saladin. Nun, nun!
So sieh doch einem Alten etwas nach!
Wie lange können seine Weigerungen
Denn dauern? Wird er denn von dir verlangen,
Dass du erst Jude werden sollst?

Tempelherr. Wer weiß!
Saladin. Wer weiß? – der diesen Nathan besser kennt.
Tempelherr. Der Aberglaub', in dem wir aufgewachsen,
Verliert, auch wenn wir ihn erkennen, darum
Doch seine Macht nicht über uns. – Es sind
Nicht alle frei, die ihrer Ketten spotten.
Saladin.
Sehr reif bemerkt! Doch Nathan wahrlich, Nathan ...
Tempelherr. Der Aberglauben schlimmster ist, den seinen
Für den erträglichern zu halten ...
Saladin. Mag
Wohl sein! Doch Nathan ...
Tempelherr. Dem allein
Die blöde Menschheit zu vertrauen, bis
Sie hellern Wahrheitstag gewöhne; der
Allein ...
Saladin. Gut! Aber Nathan! – Nathans Los
Ist diese Schwachheit nicht.
Tempelherr. So dacht' ich auch! –
Wenn gleichwohl dieser Ausbund aller Menschen
So ein gemeiner Jude wäre, dass
Er Christenkinder zu bekommen suche,
Um sie als Juden aufzuziehn: – wie dann?
Saladin. Wer sagt ihm so was nach?
Tempelherr. Das Mädchen selbst,
Mit welcher er mich körnt, mit deren Hoffnung
Er gern mir zu bezahlen schiene, was
Ich nicht umsonst für sie getan soll haben: –
Dies Mädchen selbst, ist seine Tochter – nicht;
Ist ein verzettelt' Christenkind.
Saladin. Das er
Dem ungeachtet dir nicht geben wollte?
Tempelherr *heftig.* Woll oder wolle nicht! Er ist entdeckt.

blöde unerfahrene, unwissende

zu vertrauen anzuvertrauen

Ausbund Muster, Vorbild

körnt anlockt, ködert

verzettelt' verirrtes, versprengtes, verlorenes

tolerante Schwätzer → Seite 172

jüd'schen Wolf / Im philosoph'schen Schafpelz → Seite 172

Der tolerante Schwätzer ist entdeckt!
Ich werde hinter diesen jüd'schen Wolf
Im philosoph'schen Schafpelz, Hunde schon
Zu bringen wissen, die ihn zausen sollen!

Saladin *ernst.* Sei ruhig, Christ!

Tempelherr. Was? ruhig Christ? – Wenn Jud
Und Muselmann, auf Jud, auf Muselmann
Bestehen: soll allein der Christ den Christen
Nicht machen dürfen?

Saladin *noch ernster.* Ruhig, Christ!

Tempelherr *gelassen.* Ich fühle
Des Vorwurfs ganze Last, – die Saladin
In diese Silbe presst! Ah, wenn ich wüsste,
Wie Assad, – Assad sich an meiner Stelle
Hierbei genommen hätte!

Hierbei genommen In einer solchen Situation verhalten

Saladin. Nicht viel besser! –
Vermutlich, ganz so brausend! – Doch, wer hat
Denn dich auch schon gelehrt, mich so wie er
Mit Einem Worte zu bestechen? Freilich
Wenn alles sich verhält, wie du mir sagest:
Kann ich mich selber kaum in Nathan finden. –
Indes, er ist mein Freund, und meiner Freunde
Muss keiner mit dem andern hadern. – Lass
Dich weisen! Geh behutsam! Gib ihn nicht
Sofort den Schwärmern deines Pöbels preis!
Verschweig, was deine Geistlichkeit, an ihm
Zu rächen, mir so nahelegen würde!
Sei keinem Juden, keinem Muselmanne
Zum Trotz ein Christ!

Geh behutsam! Geh behutsam vor!

Schwärmern deines Pöbels religiösen Fanatikern unter den Christen

Tempelherr. Bald wär's damit zu spät!
Doch Dank der Blutbegier des Patriarchen,
Des Werkzeug mir zu werden graute!

Saladin. Wie?

Du kamst zum Patriarchen eher, als
Zu mir?
Tempelherr. Im Sturm der Leidenschaft, im Wirbel
Der Unentschlossenheit! – Verzeih! – Du wirst
Von deinem Assad, fürcht ich, ferner nun
Nichts mehr in mir erkennen wollen.
Saladin. Wär
Es diese Furcht nicht selbst! Mich dünkt, ich weiß,
Aus welchen Fehlern unsre Tugend keimt.
Pfleg diese ferner nur, und jene sollen
Bei mir dir wenig schaden. – Aber geh!
Such du nun Nathan, wie er dich gesucht;
Und bring ihn her. Ich muss euch doch zusammen
Verständigen. – Wär um das Mädchen dir
Im Ernst zu tun: sei ruhig. Sie ist dein!
Auch soll es Nathan schon empfinden, dass
Er ohne Schweinefleisch ein Christenkind
Erziehen dürfen! – Geh!
Der Tempelherr geht ab, und Sittah verlässt den Sofa.

empfinden zu spüren bekommen

ohne Schweinefleisch → Seite 172

Fünfter Auftritt.

Saladin *und* **Sittah.**

Sittah. Ganz sonderbar!
Saladin. Gelt, Sittah? Muss mein Assad nicht ein braver,
Ein schöner junger Mann gewesen sein?
Sittah. Wenn er so war, und nicht zu diesem Bilde
Der Tempelherr vielmehr gesessen! – Aber
Wie hast du doch vergessen können dich
Nach seinen Eltern zu erkundigen?
Saladin. Und insbesondre wohl nach seiner Mutter?

Ob seine Mutter hierzulande nie
Gewesen sei? – Nicht wahr?

Sittah. Das machst du gut!

Saladin. O, möglicher wär nichts! Denn Assad war
Bei hübschen Christendamen so willkommen,
Auf hübsche Christendamen so erpicht,
Dass einmal gar die Rede ging – Nun, nun;
Man spricht nicht gern davon. – Genug; ich hab
Ihn wieder! – will mit allen seinen Fehlern,
Mit allen Launen seines weichen Herzens
Ihn wiederhaben! – Oh! das Mädchen muss
Ihm Nathan geben. Meinst du nicht?

Sittah. Ihm geben?
Ihm lassen!

Saladin. Allerdings! Was hätte Nathan,
Sobald er nicht ihr Vater ist, für Recht
Auf sie? Wer ihr das Leben so erhielt,
Tritt einzig in die Rechte des, der ihr
Es gab.

Sittah. Wie also, Saladin? wenn du
Nur gleich das Mädchen zu dir nähmst? Sie nur
Dem unrechtmäßigen Besitzer gleich
Entzögest?

Saladin. Täte das wohl Not?

Sittah. Not nun
Wohl eben nicht! – Die liebe Neubegier
Treibt mich allein, dir diesen Rat zu geben.
Denn von gewissen Männern mag ich gar
Zu gern, so bald wie möglich, wissen, was
Sie für ein Mädchen lieben können.

Saladin. Nun,
So schick und lass sie holen.

Sittah. Darf ich, Bruder?

Saladin. Nur schone Nathans! Nathan muss durchaus
Nicht glauben, dass man mit Gewalt ihn von
Ihr trennen wolle.
Sittah. Sorge nicht.
Saladin. Und ich,
Ich muss schon selbst sehn, wo Al-Hafi bleibt.

Sechster Auftritt.

Szene: die offne Flur in Nathans Hause, gegen die Palmen zu;
wie im ersten Auftritte des ersten Aufzuges.
Ein Teil der Waren und Kostbarkeiten liegt ausgekramt,
deren ebendaselbst gedacht wird.
Nathan *und* **Daja.**

offne Flur offener Vorplatz Hauseingang

deren ebendaselbst gedacht wird die auf dem gerade bezeichneten Schauplatz bewundert und kommentiert werden

Daja. O, alles herrlich! alles auserlesen!
O, alles – wie nur Ihr es geben könnt.
Wo wird der Silberstoff mit goldnen Ranken
Gemacht? Was kostet er? – Das nenn ich noch
Ein Brautkleid! Keine Königin verlangt
Es besser.
Nathan. Brautkleid? Warum Brautkleid eben?
Daja. Je nun! Ihr dachtet daran freilich nicht,
Als Ihr ihn kauftet. – Aber wahrlich, Nathan,
Der und kein andrer muss es sein! Er ist
Zum Brautkleid wie bestellt. Der weiße Grund;
Ein Bild der Unschuld: und die goldnen Ströme,
Die allerorten diesen Grund durchschlängeln;
Ein Bild des Reichtums. Seht Ihr? Allerliebst!
Nathan. Was witzelst du mir da? Von wessen Brautkleid
Sinnbilderst du mir so gelehrt? – Bist du
Denn Braut?

Daja. Ich?
Nathan. Nun wer denn?
Daja. Ich? – lieber Gott!
Nathan.
Wer denn? Von wessen Brautkleid sprichst du denn? –
Das alles ist ja dein, und keiner andern.
Daja. Ist mein? Soll mein sein? – Ist für Recha nicht?
Nathan. Was ich für Recha mitgebracht, das liegt
In einem andern Ballen. Mach! nimm weg!
Trag deine Siebensachen fort!
Daja. Versucher!
Nein, wären es die Kostbarkeiten auch
Der ganzen Welt! Nicht rühr an! wenn Ihr mir
Vorher nicht schwört, von dieser einzigen
Gelegenheit, dergleichen Euch der Himmel
Nicht zweimal schicken wird, Gebrauch zu machen.
Nathan. Gebrauch? von was? – Gelegenheit? wozu?
fremd unwissend
Daja. O stellt Euch nicht so fremd! – Mit kurzen Worten!
Der Tempelherr liebt Recha: gebt sie ihm,
So hat doch einmal Eure Sünde, die
Ich länger nicht verschweigen kann, ein Ende.
So kömmt das Mädchen wieder unter Christen;
Wird wieder was sie ist; ist wieder, was
Sie ward: und Ihr, Ihr habt mit all dem Guten,
Das wir Euch nicht genug verdanken können,
Nicht Feuerkohlen bloß auf Euer Haupt
Gesammelt.
Nicht Feuerkohlen bloß auf Euer Haupt / Gesammelt → Seite 172
Nathan. Doch die alte Leier wieder? –
Mit einer neuen Saite nur bezogen,
Die, fürcht ich, weder stimmt noch hält.
hält die Stimmung hält
Daja. Wieso?
Nathan. Mir wär der Tempelherr schon recht. Ihm gönnt
Ich Recha mehr als einem in der Welt.

Allein – Nun, habe nur Geduld.
Daja. Geduld?
Geduld, ist Eure alte Leier nun
Wohl nicht?
Nathan. Nur wenig Tage noch Geduld! –
Sieh doch! – Wer kömmt denn dort? Ein Klosterbruder?
Geh, frag ihn was er will.
Daja. Was wird er wollen?
Sie geht auf ihn zu und fragt.
Nathan. So gib! – und eh er bittet. – (Wüsst ich nur
Dem Tempelherrn erst beizukommen, ohne
Die Ursach meiner Neugier ihm zu sagen!
Denn wenn ich sie ihm sag, und der Verdacht
Ist ohne Grund: so hab ich ganz umsonst
Den Vater auf das Spiel gesetzt.) – Was ist's?
Daja. Er will Euch sprechen.
Nathan. Nun, so lass ihn kommen;
Und geh indes.

Siebenter Auftritt.

Nathan *und der* **Klosterbruder**.

Nathan. (Ich bliebe Rechas Vater
Doch gar zu gern! – Zwar kann ich's denn nicht bleiben,
Auch wenn ich aufhör, es zu heißen? – Ihr,
Ihr selbst werd ich's doch immer auch noch heißen,
Wenn sie erkennt, wie gern ich's wäre.) – Geh! –
Was ist zu Euern Diensten, frommer Bruder?
Klosterbruder.
Nicht eben viel. – Ich freue mich, Herr Nathan,
Euch annoch wohl zu sehn.

annoch noch

Nathan. So kennt Ihr mich?
Klosterbruder.
Je nu; wer kennt Euch nicht? Ihr habt so manchem
Ja Euern Namen in die Hand gedrückt.
Er steht in meiner auch, seit vielen Jahren.
Nathan *nach seinem Beutel langend.*
Kommt, Bruder, kommt; ich frisch ihn auf.
Klosterbruder. Habt Dank!
Ich würd es Ärmern stehlen; nehme nichts. –
Wenn Ihr mir nur erlauben wollt, ein wenig
Euch *meinen* Namen aufzufrischen. Denn
Ich kann mich rühmen, auch in *Eure* Hand
Etwas gelegt zu haben, was nicht zu
Verachten war.
Nathan. Verzeiht! – Ich schäme mich –
Sagt, was? – und nehmt zur Buße siebenfach
Den Wert desselben von mir an.
Klosterbruder. Hört doch
Vor allen Dingen, wie ich selber nur
Erst heut an dies mein Euch vertrautes Pfand
Erinnert worden.
Nathan. Mir vertrautes Pfand?
Klosterbruder. Vor Kurzem saß ich noch als Eremit
Auf Quarantana, unweit Jericho.
Da kam arabisch' Raubgesindel, brach
Mein Gotteshäuschen ab und meine Zelle,
Und schleppte mich mit fort. Zum Glück entkam
Ich noch, und floh hierher zum Patriarchen,
Um mir ein ander Plätzchen auszubitten,
Allwo ich meinem Gott in Einsamkeit
Bis an mein selig Ende dienen könne.
Nathan. Ich steh auf Kohlen, guter Bruder. Macht
Es kurz. Das Pfand! das mir vertraute Pfand!

nu nun

zur Buße als Entschuldigung

Eremit (griech.-lat.) Einsiedler

Quarantana → Seite 172

Jericho Stadt im Jordantal

Allwo Verstärkung von ›wo‹

Klosterbruder. Sogleich, Herr Nathan. – Nun, der Patriarch
Versprach mir eine Siedelei auf Tabor,
Sobald als eine leer; und hieß inzwischen
Im Kloster mich als Laienbruder bleiben.
Da bin ich itzt, Herr Nathan; und verlange
Des Tags wohl hundertmal auf Tabor. Denn
Der Patriarch braucht mich zu allerlei,
Wovor ich großen Ekel habe. Zum
Exempel:
Nathan. Macht, ich bitt Euch!
Klosterbruder. Nun, es kömmt! –
Da hat ihm jemand heut ins Ohr gesetzt:
Es lebe hier herum ein Jude, der
Ein Christenkind als seine Tochter sich
Erzöge.
Nathan. Wie? *Betroffen.*
Klosterbruder. Hört mich nur aus! – Indem
Er mir nun aufträgt, diesem Juden,
Wo möglich, auf die Spur zu kommen, und
Gewaltig sich ob eines solchen Frevels
Erzürnt, der ihm die wahre Sünde wider
Den heil'gen Geist bedünkt; – das ist, die Sünde,
Die aller Sünden größte Sünd' uns gilt,
Nur dass wir, Gott sei Dank, so recht nicht wissen,
Worin sie eigentlich besteht: – da wacht
Mit einmal mein Gewissen auf; und mir
Fällt bei, ich könnte selber wohl vorzeiten
Zu dieser unverzeihlich großen Sünde
Gelegenheit gegeben haben. – Sagt:
Hat Euch ein Reitknecht nicht vor achtzehn Jahren
Ein Töchterchen gebracht von wenig Wochen?
Nathan. Wie das? – Nun freilich – allerdings –
Klosterbruder. Ei, seht

Siedelei Einsiedelei

Tabor → Seite 172

auf nach

braucht mich zu verwendet mich zu, setzt mich zu … ein

Exempel (lat.) Beispiel

ob aufgrund, wegen

Fällt bei Fällt ein

Mich doch recht an! – Der Reitknecht, der bin ich.
Nathan. Seid Ihr?
Klosterbruder. Der Herr, von welchem ich's Euch brachte,
War – ist mir recht – ein Herr von Filnek. – Wolf
Von Filnek!
Nathan. Richtig!
Klosterbruder. Weil die Mutter kurz
Vorher gestorben war; und sich der Vater
Nach – mein ich – Gazza plötzlich werfen musste,
Wohin das Würmchen ihm nicht folgen konnte:
So sandt er's Euch. Und traf ich Euch damit
Nicht in Darun?
Nathan. Ganz recht!
Klosterbruder. Es wär kein Wunder,
Wenn mein Gedächtnis mich betrög. Ich habe
Der braven Herrn so viel gehabt; und diesem
Hab ich nur gar zu kurze Zeit gedient.
Er blieb bald drauf bei Askalon; und war
Wohl sonst ein lieber Herr.
Nathan. Jawohl! jawohl!
Dem ich so viel, so viel zu danken habe!
Der mehr als einmal mich dem Schwert entrissen!
Klosterbruder. O schön! So werd't Ihr seines Töchterchens
Euch umso lieber angenommen haben.
Nathan. Das könnt Ihr denken.
Klosterbruder. Nun, wo ist es denn?
Es ist doch wohl nicht etwa gar gestorben? –
Lasst's lieber nicht gestorben sein! – Wenn sonst
Nur niemand um die Sache weiß: so hat
Es gute Wege.
Nathan. Hat es?
Klosterbruder. Traut mir, Nathan!
Denn seht, ich denke so! Wenn an das Gute,

ist mir recht nach meiner Kenntnis

Gazza → Seite 172

werfen wenden, schnell hinbegeben

Darun → Seite 172

blieb fiel, starb

Askalon → Seite 172

so hat / Es gute Wege so ist alles in Ordnung

Das ich zu tun vermeine, gar zu nah
Was gar zu Schlimmes grenzt: so tu ich lieber
Das Gute nicht; weil wir das Schlimme zwar
So ziemlich zuverlässig kennen, aber
Bei weiten nicht das Gute. – War ja wohl
Natürlich; wenn das Christentöchterchen
Recht gut von Euch erzogen werden sollte:
Dass Ihr's als Euer eigen Töchterchen
Erzögt. – Das hättet Ihr mit aller Lieb
Und Treue nun getan, und müsstet so
Belohnet werden? Das will mir nicht ein.
Ei freilich, klüger hättet Ihr getan;
Wenn Ihr die Christin durch die zweite Hand
Als Christin auferziehen lassen: aber
So hättet Ihr das Kindchen Eures Freunds
Auch nicht geliebt. Und Kinder brauchen Liebe,
Wär's eines wilden Tieres Lieb auch nur,
In solchen Jahren mehr, als Christentum.
Zum Christentume hat's noch immer Zeit.
Wenn nur das Mädchen sonst gesund und fromm
Vor Euern Augen aufgewachsen ist,
So blieb's vor Gottes Augen, was es war.
Und ist denn nicht das ganze Christentum
Aufs Judentum gebaut? Es hat mich oft
Geärgert, hat mir Tränen g'nug gekostet,
Wenn Christen gar so sehr vergessen konnten,
Dass unser Herr ja selbst ein Jude war.

will mir nicht ein leuchtet mir nicht ein, scheint mir nicht gerecht

Nathan. Ihr, guter Bruder, müsst mein Fürsprach' sein,
Wenn Hass und Gleisnerei sich gegen mich
Erheben sollten, – wegen einer Tat –
Ah, wegen einer Tat! – Nur Ihr, Ihr sollt
Sie wissen! – Nehmt sie aber mit ins Grab!
Noch hat mich nie die Eitelkeit versucht,

Fürsprach' Fürsprecher

Gleisnerei fromme Heuchelei

Sie jemand andern zu erzählen. Euch
Allein erzähl ich sie. Der frommen Einfalt
Allein erzähl ich sie. Weil die allein
Versteht, was sich der gottergebne Mensch
Für Taten abgewinnen kann.

Klosterbruder. Ihr seid
Gerührt, und Euer Auge steht voll Wasser?

Nathan. Ihr traft mich mit dem Kinde zu Darun.
Ihr wisst wohl aber nicht, dass wenig Tage
Zuvor, in Gath die Christen alle Juden
Mit Weib und Kind ermordet hatten; wisst
Wohl nicht, dass unter diesen meine Frau
Mit sieben hoffnungsvollen Söhnen sich
Befunden, die in meines Bruders Hause,
Zu dem ich sie geflüchtet, insgesamt
Verbrennen müssen.

Gath → Seite 173

Klosterbruder. Allgerechter!

Nathan. Als
Ihr kamt, hatt ich drei Tag und Nächt in Asch
Und Staub vor Gott gelegen, und geweint. –
Geweint? Beiher mit Gott auch wohl gerechtet,
Gezürnt, getobt, mich und die Welt verwünscht;
Der Christenheit den unversöhnlichsten
Hass zugeschworen –

Beiher Nebenher, nebenbei

Klosterbruder. Ach! Ich glaub's Euch wohl!

Nathan. Doch nun kam die Vernunft allmählig wieder.
Sie sprach mit sanfter Stimm': »und doch ist Gott!
Doch war auch Gottes Ratschluss das! Wohlan!
Komm! übe, was du längst begriffen hast;
Was sicherlich zu üben schwerer nicht,
Als zu begreifen ist, wenn du nur willst.
Steh auf!« – Ich stand! und rief zu Gott: ich will!
Willst du nur, dass ich will! – Indem stiegt Ihr

Vom Pferd, und überreichtet mir das Kind,
In Euern Mantel eingehüllt. – Was Ihr
Mir damals sagtet; was ich Euch: hab ich
Vergessen. So viel weiß ich nur; ich nahm
Das Kind, trug's auf mein Lager, küsst' es, warf
Mich auf die Knie und schluchzte: Gott! auf Sieben
Doch nun schon Eines wieder!

Klosterbruder. Nathan! Nathan!
Ihr seid ein Christ! – Bei Gott, Ihr seid ein Christ!
Ein bessrer Christ war nie!

Nathan. Wohl uns! Denn was
Mich Euch zum Christen macht, das macht Euch mir
Zum Juden! – Aber lasst uns länger nicht
Einander nur erweichen. Hier braucht's Tat!
Und ob mich siebenfache Liebe schon
Bald an dies einz'ge fremde Mädchen band;
Ob der Gedanke mich schon tötet, dass
Ich meine sieben Söhn in ihr aufs Neue
Verlieren soll: – wenn sie von meinen Händen
Die Vorsicht wieder fodert, – ich gehorche!

ob mich obwohl mich

Vorsicht Vorsehung, Schicksal

Klosterbruder. Nun vollends! – Eben das bedacht' ich mich
So viel, Euch anzuraten! Und so hat's
Euch Euer guter Geist schon angeraten!

Nathan. Nur muss der erste Beste mir sie nicht
Entreißen wollen!

Klosterbruder. Nein, gewiss nicht!

Nathan. Wer
Auf sie nicht größre Rechte hat, als ich;
Muss frühere zum Mind'sten haben –

Klosterbruder. Freilich!

Nathan. Die ihm Natur und Blut erteilen.

Klosterbruder. So
Mein ich es auch!

Ohm Abkürzung von ›Oheim‹; Onkel

Sipp' Familienmitglied

dem Geschlechte dessen seiner Familie, seiner Abstammung

mich dünkt ich glaube schon

triegt trügt

aus dem Busen aus der Brust(tasche)

Brevier katholisches Gebetbuch

Nathan. Drum nennt mir nur geschwind
Den Mann, der ihr als Bruder oder Ohm,
Als Vetter oder sonst als Sipp' verwandt:
Ihm will ich sie nicht vorenthalten – Sie,
Die jedes Hauses, jedes Glaubens Zierde
Zu sein erschaffen und erzogen ward. –
Ich hoff, Ihr wisst von diesem Euern Herrn
Und dem Geschlechte dessen, mehr als ich.

Klosterbruder.
Das, guter Nathan, wohl nun schwerlich! – Denn
Ihr habt ja schon gehört, dass ich nur gar
Zu kurze Zeit bei ihm gewesen.

Nathan. Wisst
Ihr denn nicht wenigstens, was für Geschlechts
Die Mutter war? – War sie nicht eine Stauffin?

Klosterbruder.
Wohl möglich! – Ja, mich dünkt.

Nathan. Hieß nicht ihr Bruder
Conrad von Stauffen? – und war Tempelherr?

Klosterbruder.
Wenn mich's nicht triegt. Doch halt! Da fällt mir ein,
Dass ich vom sel'gen Herrn ein Büchelchen
Noch hab. Ich zog's ihm aus dem Busen, als
Wir ihn bei Askalon verscharrten.

Nathan. Nun?

Klosterbruder. Es sind Gebete drin. Wir nennen's ein
Brevier. – Das, dacht' ich, kann ein Christenmensch
Ja wohl noch brauchen. – Ich nun freilich nicht –
Ich kann nicht lesen –

Nathan. Tut nichts! – Nur zur Sache.

Klosterbruder. In diesem Büchelchen stehn vorn und hinten,
Wie ich mir sagen lassen, mit des Herrn
Selbeigner Hand, die Angehörigen

Von ihm und ihr geschrieben.

Nathan. O erwünscht!
Geht! lauft! holt mir das Büchelchen. Geschwind!
Ich bin bereit mit Gold es aufzuwiegen;
Und tausend Dank dazu! Eilt! lauft!

Klosterbruder. Recht gern!
Es ist Arabisch aber, was der Herr
Hineingeschrieben. *Ab.*

Nathan. Einerlei! Nur her! –
Gott! wenn ich doch das Mädchen noch behalten,
Und einen solchen Eidam mir damit
Erkaufen könnte! – Schwerlich wohl! – Nun, fall
Es aus, wie's will! – Wer mag es aber denn
Gewesen sein, der bei dem Patriarchen
So etwas angebracht? Das muss ich doch
Zu fragen nicht vergessen. – Wenn es gar
Von Daja käme?

Eidam Schwiegersohn

Achter Auftritt.

Daja *und* **Nathan.**

Daja *eilig und verlegen.* Denkt doch, Nathan!

Nathan. Nun?

Daja. Das arme Kind erschrak wohl recht darüber!
Da schickt ...

Nathan. Der Patriarch?

Daja. Des Sultans Schwester,
Prinzessin Sittah ...

Nathan. Nicht der Patriarch?

Daja. Nein, Sittah! – Hört Ihr nicht? – Prinzessin Sittah
Schickt her, und lässt sie zu sich holen.

Nathan. Wen?
Lässt Recha holen? – Sittah lässt sie holen? –
Nun; wenn sie Sittah holen lässt, und nicht
Der Patriarch –
Daja. Wie kommt Ihr denn auf den?
Nathan. So hast du kürzlich nichts von ihm gehört?
Gewiss nicht? Auch ihm nichts gesteckt?

gesteckt verraten

Daja. Ich? ihm?
Nathan. Wo sind die Boten?
Daja. Vorn.
Nathan. Ich will sie doch
Aus Vorsicht selber sprechen. Komm! – Wenn nur
Vom Patriarchen nichts dahinter ist.
Ab.
Daja. Und ich – ich fürchte ganz was anders noch.
Was gilt's? die einzige vermeinte Tochter
So eines reichen Juden wär auch wohl
Für einen Muselmann nicht übel? – Hui,
Der Tempelherr ist drum. Ist drum: wenn ich
Den zweiten Schritt nicht auch noch wage; nicht
Auch ihr noch selbst entdecke, wer sie ist! –
Getrost! Lass mich den ersten Augenblick,
Den ich allein sie habe, dazu brauchen!
Und der wird sein – vielleicht nun eben, wenn
Ich sie begleite. So ein erster Wink
Kann unterwegens wenigstens nicht schaden.
Ja, ja! Nur zu! Itzt oder nie! Nur zu!
Ihm nach.

vermeinte vermeintliche, angebliche

ist drum ist um sie gebracht, ist sie los

unterwegens unterwegs

Fünfter Aufzug.

Erster Auftritt.

Szene: das Zimmer in Saladins Palaste, in welches die Beutel mit Geld getragen worden, die noch zu sehen. **Saladin** *und bald darauf verschiedne* **Mamelucken.**

Saladin *im Hereintreten.*
Da steht das Geld nun noch! Und niemand weiß
Den Derwisch aufzufinden, der vermutlich
Ans Schachbrett irgendwo geraten ist,
Das ihn wohl seiner selbst vergessen macht; –
Warum nicht meiner? – Nun, Geduld! Was gibt's?

Ein Mameluck.
Erwünschte Nachricht, Sultan! Freude, Sultan! …
Die Karawane von Kahira kömmt;
Ist glücklich da! mit siebenjährigem
Tribut des reichen Nils.

Saladin. Brav, Ibrahim!
Du bist mir wahrlich ein willkommner Bote! –
Ha! endlich einmal! endlich! – Habe Dank
Der guten Zeitung.

Der Mameluck *wartend.* (Nun? nur her damit!)

Saladin. Was wart'st du? – Geh nur wieder.

Der Mameluck. Dem Willkommnen
Sonst nichts?

Saladin. Was denn noch sonst?

Der Mameluck. Dem guten Boten
Kein Botenbrot? – So wär ich ja der Erste,
Den Saladin mit Worten abzulohnen,
Doch endlich lernte? – Auch ein Ruhm! – Der Erste,
Mit dem er knickerte.

Kahira Kairo, die Hauptstadt Ägyptens

des reichen Nils des fruchtbaren Niltals (Hinweis auf die Höhe der aus Ägypten eingehenden Abgaben)

Der guten Zeitung Für die gute Nachricht

Botenbrot Botenlohn

knickerte knauserte, geizig war

Saladin. So nimm dir nur
Dort einen Beutel.
Der Mameluck. Nein, nun nicht! Du kannst
Mir sie nun alle schenken wollen.
Saladin. Trotz! –
Komm her! Da hast du zwei. – Im Ernst? er geht?
Tut mir's an Edelmut zuvor? – Denn sicher
Muss ihm es saurer werden, auszuschlagen,
Als mir zu geben. – Ibrahim! – Was kömmt
Mir denn auch ein, so kurz vor meinem Abtritt
Auf einmal ganz ein andrer sein zu wollen? –
Will Saladin als Saladin nicht sterben? –
So musst er auch als Saladin nicht leben.

kömmt ... ein fällt ... ein
Abtritt Tod

Ein zweiter Mameluck.
Nun, Sultan! ...
Saladin. Wenn du mir zu melden kömmst ...
Zweiter Mameluck. Dass aus Ägypten der Transport nun da!
Saladin. Ich weiß schon.
Zweiter Mameluck. Kam ich doch zu spät!
Saladin. Warum
Zu spät? – Da nimm für deinen guten Willen
Der Beutel einen oder zwei.
Zweiter Mameluck. Macht drei!
Saladin. Ja, wenn du rechnen kannst! – So nimm sie nur.
Zweiter Mameluck.
Es wird wohl noch ein Dritter kommen, – wenn
Er anders kommen kann.
Saladin. Wie das?
Zweiter Mameluck. Je nu;
Er hat auch wohl den Hals gebrochen! Denn
Sobald wir drei der Ankunft des Transports
Versichert waren, sprengte jeder frisch
Davon. Der Vorderste, der stürzt; und so

wenn / Er anders kommen kann wenn er überhaupt kommen kann

Komm ich nun vor, und bleib auch vor bis in
Die Stadt; wo aber Ibrahim, der Lecker,
Die Gassen besser kennt.

Lecker Schelm, Schlingel

Saladin. O der Gestürzte!
Freund, der Gestürzte! – Reit ihm doch entgegen.

Zweiter Mameluck.
Das werd ich ja wohl tun! – Und wenn er lebt:
So ist die Hälfte dieser Beutel sein. *Geht ab.*

Saladin. Sieh, welch ein edler Kerl auch das! –
Wer kann sich solcher Mamelucken rühmen?
Und wär mir denn zu denken nicht erlaubt,
Dass sie mein Beispiel bilden helfen? – Fort
Mit dem Gedanken, sie zu guter Letzt
Noch an ein anders zu gewöhnen! ...

Dass sie mein Beispiel bilden helfen Dass sie sich an mir ein Beispiel genommen haben

Ein dritter Mameluck. Sultan, ...

Saladin. Bist du's, der stürzte?

Dritter Mameluck. Nein. Ich melde nur, –
Dass Emir Mansor, der die Karawane
Geführt, vom Pferde steigt ...

Saladin. Bring ihn! geschwind! –
Da ist er ja! –

Zweiter Auftritt.

Emir Mansor *und* **Saladin.**

Saladin. Willkommen, Emir! Nun,
Wie ist's gegangen? – Mansor, Mansor, hast
Uns lange warten lassen!

Mansor. Dieser Brief
Berichtet, was dein Abulkassem erst
Für Unruh in Thebais dämpfen müssen:

Abulkassem Eigenname

Thebais → Seite 173

abzugehen aufzubrechen

Eh wir es wagen durften abzugehen.
Den Zug darauf hab ich beschleuniget
So viel, wie möglich war.

Saladin. Ich glaube dir! –
Und nimm nur, guter Mansor, nimm sogleich –
Du tust es aber doch auch gern? – nimm frische

Bedeckung Soldaten als Geleitschutz

Bedeckung nur sogleich. Du musst sogleich
Noch weiter; musst der Gelder größern Teil
Auf Libanon zum Vater bringen.

Mansor. Gern!
Sehr gern!

Saladin. Und nimm dir die Bedeckung ja
Nur nicht zu schwach. Es ist um Libanon
Nicht alles mehr so sicher. Hast du nicht
Gehört? Die Tempelherrn sind wieder rege.
Sei wohl auf deiner Hut! – Komm nur! Wo hält
Der Zug? Ich will ihn sehn; und alles selbst
Betreiben. – Ihr! ich bin sodann bei Sittah.

Betreiben Veranlassen

Dritter Auftritt.

Szene: die Palmen vor Nathans Hause,
wo der **Tempelherr** *auf und nieder geht.*

Ins Haus nun will ich einmal nicht. – Er wird
Sich endlich doch wohl sehen lassen! – Man
Bemerkte mich ja sonst so bald, so gern! –
Will's noch erleben, dass er sich's verbittet,
Vor seinem Hause mich so fleißig finden
Zu lassen. – Hm! – ich bin doch aber auch
Sehr ärgerlich. – Was hat mich denn nun so
Erbittert gegen ihn? – Er sagte ja:

fleißig hier: andauernd

Noch schlüg er mir nichts ab. Und Saladin
Hat's über sich genommen, ihn zu stimmen. –
Wie? sollte wirklich wohl in mir der Christ
Noch tiefer nisten, als in ihm der Jude? –
Wer kennt sich recht? Wie könnt ich ihm denn sonst
Den kleinen Raub nicht gönnen wollen, den
Er sich's zu solcher Angelegenheit
Gemacht, den Christen abzujagen? – freilich;
Kein kleiner Raub, ein solch Geschöpf! – Geschöpf?
Und wessen? – Doch des Sklaven nicht, der auf
Des Lebens öden Strand den Block geflößt,
Und sich davongemacht? Des Künstlers doch
Wohl mehr, der in dem hingeworfnen Blocke
Die göttliche Gestalt sich dachte, die
Er dargestellt? – Ach! Rechas wahrer Vater
Bleibt, trotz dem Christen, der sie zeugte – bleibt
In Ewigkeit der Jude. – Wenn ich mir
Sie lediglich als Christendirne denke,
Sie sonder alles das mir denke, was
Allein ihr so ein Jude geben konnte: –
Sprich, Herz, – was wär an ihr, das dir gefiel?
Nichts! Wenig! Selbst ihr Lächeln, wär es nichts
Als sanfte schöne Zuckung ihrer Muskeln;
Wär, was sie lächeln macht, des Reizes unwert,
In den es sich auf ihrem Munde kleidet: –
Nein; selbst ihr Lächeln nicht! Ich hab es ja
Wohl schöner noch an Aberwitz, an Tand,
An Höhnerei, an Schmeichler und an Buhler,
Verschwenden sehn! – Hat's da mich auch bezaubert?
Hat's da mir auch den Wunsch entlockt, mein Leben
In seinem Sonnenscheine zu verflattern? –
Ich wüsste nicht. Und bin auf den doch launisch
Der diesen höhern Wert allein ihr gab?

über sich auf sich

zu stimmen umzustimmen, zu beeinflussen

den Block geflößt → Seite 173

Christendirne wertfrei: Christenmädchen

sonder alles ohne alles

Aberwitz Dummheit, Schwachsinn, Unverstand

Tand wertloses Zeug, Ware von geringem Wert

Buhler abschätzig für: Liebhaber

launisch ärgerlich

Wie das? warum? – Wenn ich den Spott verdiente,
Mit dem mich Saladin entließ! Schon schlimm
Genug, dass Saladin es glauben konnte!
Wie klein ich ihm da scheinen musste! wie
Verächtlich! – Und das alles um ein Mädchen? –
Curd! Curd! das geht so nicht. Lenk ein! Wenn vollends
Mir Daja nur was vorgeplaudert hätte,
Was schwerlich zu erweisen stünde? – Sieh,
Da tritt er endlich, in Gespräch vertieft,
Aus seinem Hause! – Ha! mit wem! – Mit ihm?
Mit meinem Klosterbruder? – Ha! so weiß
Er sicherlich schon alles! ist wohl gar
Dem Patriarchen schon verraten! – Ha!
Was hab ich Querkopf nun gestiftet! – Dass
Ein einz'ger Funken dieser Leidenschaft
Doch unsers Hirns so viel verbrennen kann! –
Geschwind entschließ dich, was nunmehr zu tun!
Ich will hier seitwärts ihrer warten; – ob
Vielleicht der Klosterbruder ihn verlässt.

gestiftet angestiftet, für ein Unheil heraufbeschworen

Vierter Auftritt.

Nathan *und der* **Klosterbruder.**

Nathan *im Näherkommen.*
Habt nochmals, guter Bruder, vielen Dank!

Klosterbruder.
Und Ihr desgleichen!

Nathan. Ich? von Euch? wofür?
Für meinen Eigensinn, Euch aufzudringen,
Was Ihr nicht braucht? – Ja, wenn ihm Eurer nur
Auch nachgegeben hätt; Ihr mit Gewalt

Nicht wolltet reicher sein, als ich.

Klosterbruder. Das Buch
Gehört ja ohnedem nicht mir; gehört
Ja ohnedem der Tochter; ist ja so
Der Tochter ganzes väterliches Erbe. –
Je nu, sie hat ja Euch. – Gott gebe nur,
Dass Ihr es nie bereuen dürft, so viel
Für sie getan zu haben!

Nathan. Kann ich das?
Das kann ich nie. Seid unbesorgt!

Klosterbruder. Nu, nu!
Die Patriarchen und die Tempelherren ...

Nathan. Vermögen mir des Bösen nie so viel
Zu tun, dass irgendwas mich reuen könnte:
Geschweige, das! – Und seid Ihr denn so ganz
Versichert, dass ein Tempelherr es ist,
Der Euern Patriarchen hetzt?

hetzt aufhetzt

Klosterbruder. Es kann
Beinah kein andrer sein. Ein Tempelherr
Sprach kurz vorher mit ihm; und was ich hörte,
Das klang darnach.

Nathan. Es ist doch aber nur
Ein einziger itzt in Jerusalem.
Und diesen kenn ich. Dieser ist mein Freund.
Ein junger, edler, offner Mann!

Klosterbruder. Ganz recht;
Der nämliche! – Doch was man ist, und was
Man sein muss in der Welt, das passt ja wohl
Nicht immer.

Nathan. Leider nicht. – So tue, wer's
Auch immer ist, sein Schlimmstes oder Bestes!
Mit Euerm Buche, Bruder, trotz ich allen;
Und gehe gradenwegs damit zum Sultan.

Klosterbruder.
Viel Glücks! Ich will Euch denn nur hier verlassen.
Nathan. Und habt sie nicht einmal gesehn? – Kommt ja
Doch bald, doch fleißig wieder. – Wenn nur heut
Der Patriarch noch nichts erfährt! – Doch was?
Sagt ihm auch heute, was Ihr wollt.
Klosterbruder. Ich nicht.
Lebt wohl!
Geht ab.
Nathan. Vergesst uns ja nicht, Bruder! – Gott!
Dass ich nicht gleich hier unter freiem Himmel
Auf meine Knie sinken kann! Wie sich
Der Knoten, der so oft mir bange machte,
Nun von sich selber löset! – Gott! wie leicht
Mir wird, dass ich nun weiter auf der Welt
Nichts zu verbergen habe! dass ich vor
Den Menschen nun so frei kann wandeln, als
Vor dir, der du allein den Menschen nicht
Nach seinen Taten brauchst zu richten, die
So selten seine Taten sind, o Gott! –

Fünfter Auftritt.

Nathan *und der* **Tempelherr,**
der von der Seite auf ihn zukömmt.

Tempelherr. He! wartet, Nathan; nehmt mich mit!
Nathan. Wer ruft? –
Seid Ihr es, Ritter? Wo gewesen, dass
Ihr bei dem Sultan Euch nicht treffen lassen?
Tempelherr. Wir sind einander fehlgegangen. Nehmt's
Nicht übel!

sind einander fehlgegangen haben uns verpasst, verfehlt

Nathan. Ich nicht; aber Saladin ...
Tempelherr. Ihr wart nur eben fort ...
Nathan. Und spracht ihn doch?
Nun, so ist's gut.
Tempelherr. Er will uns aber beide
Zusammen sprechen.
Nathan. Desto besser. Kommt
Nur mit. Mein Gang stand ohnehin zu ihm. –

Mein Gang stand ohnehin zu ihm. Ich war ohnehin gerade auf dem Weg zu ihm.

Tempelherr. Ich darf ja doch wohl fragen, Nathan, wer
Euch da verließ?
Nathan. Ihr kennt ihn doch wohl nicht?
Tempelherr. War's nicht die gute Haut, der Laienbruder,
Des sich der Patriarch so gern zum Stöber
Bedient?

Stöber eigentlich: Spürhund; hier: Spion

Nathan. Kann sein! Beim Patriarchen ist
Er allerdings.
Tempelherr. Der Pfiff ist gar nicht übel:
Die Einfalt vor der Schurkerei voraus-
Zuschicken.

Pfiff Trick, Plan

Nathan. Ja, die dumme; – nicht die fromme.
Tempelherr. An fromme glaubt kein Patriarch.
Nathan. Für den
Nun steh ich. Der wird seinem Patriarchen
Nichts Ungebührliches vollziehen helfen.
Tempelherr. So stellt er wenigstens sich an. – Doch hat
Er Euch von mir denn nichts gesagt?
Nathan. Von Euch?
Von Euch nun namentlich wohl nichts. – Er weiß
Ja wohl auch schwerlich Euern Namen?
Tempelherr. Schwerlich.
Nathan. Von einem Tempelherren freilich hat
Er mir gesagt ...
Tempelherr. Und was?

Nathan. Womit er Euch
Doch ein für allemal nicht meinen kann!
Tempelherr. Wer weiß? Lasst doch nur hören.
Nathan. Dass mich einer
Bei seinem Patriarchen angeklagt …
Tempelherr. Euch angeklagt? – Das ist, mit seiner Gunst –
Erlogen. – Hört mich, Nathan! – Ich bin nicht
Der Mensch, der irgendetwas abzuleugnen
Im Stande wäre. Was ich tat, das tat ich!
Doch bin ich auch nicht der, der alles, was
Er tat, als wohlgetan verteid'gen möchte.
Was sollt ich eines Fehls mich schämen? Hab
Ich nicht den festen Vorsatz ihn zu bessern?
Und weiß ich etwa nicht, wie weit mit dem
Es Menschen bringen können? – Hört mich, Nathan! –
Ich bin des Laienbruders Tempelherr,
Der Euch verklagt soll haben, allerdings. –
Ihr wisst ja, was mich wurmisch machte! was
Mein Blut in allen Adern sieden machte!
Ich Gauch! – ich kam, so ganz mit Leib und Seele
Mich in die Arme Euch zu werfen. Wie
Ihr mich empfingt – wie kalt – wie lau – Denn lau
Ist schlimmer noch als kalt; wie abgemessen
Mir auszubeugen Ihr beflissen wart;
Mit welchen aus der Luft gegriffnen Fragen
Ihr Antwort mir zu geben scheinen wolltet:
Das darf ich kaum mir itzt noch denken, wenn
Ich soll gelassen bleiben. – Hört mich, Nathan! –
In dieser Gärung schlich mir Daja nach,
Und warf mir ihr Geheimnis an den Kopf,
Das mir den Aufschluss Euers rätselhaften
Betragens zu enthalten schien.
Nathan. Wie das?

mit seiner Gunst Höflichkeitsformel im Sinne von ›mit Verlaub‹

eines Fehls eines Fehlers, einer Verfehlung

wurmisch ärgerlich

Gauch Narr

auszubeugen auszuweichen

Tempelherr. Hört mich nur aus! – Ich bildete mir ein,
Ihr wolltet, was Ihr einmal nun den Christen
So abgejagt, an einen Christen wieder
Nicht gern verlieren. Und so fiel mir ein,
Euch kurz und gut das Messer an die Kehle
Zu setzen.
Nathan. Kurz und gut? und gut? – Wo steckt
Das Gute?
Tempelherr. Hört mich, Nathan! – Allerdings:
Ich tat nicht recht! – Ihr seid wohl gar nicht schuldig. –
Die Närrin Daja weiß nicht was sie spricht –
Ist Euch gehässig – Sucht Euch nur damit
In einen bösen Handel zu verwickeln –
Kann sein! kann sein! – Ich bin ein junger Laffe,
Der immer nur an beiden Enden schwärmt;
Bald viel zu viel, bald viel zu wenig tut –
Auch das kann sein! Verzeiht mir, Nathan.
Nathan. Wenn
Ihr so mich freilich fasset –
Tempelherr. Kurz, ich ging
Zum Patriarchen! – hab Euch aber nicht
Genannt. Das ist erlogen, wie gesagt!
Ich hab ihm bloß den Fall ganz allgemein
Erzählt, um seine Meinung zu vernehmen. –
Auch das hätt unterbleiben können: ja doch! –
Denn kannt' ich nicht den Patriarchen schon
Als einen Schurken? Konnt' ich Euch nicht selber
Nur gleich zur Rede stellen? – Musst' ich der
Gefahr, so einen Vater zu verlieren,
Das arme Mädchen opfern? – Nun, was tut's?
Die Schurkerei des Patriarchen, die
So ähnlich immer sich erhält, hat mich
Des nächsten Weges wieder zu mir selbst

Ist Euch gehässig Ist Euch feindlich gesinnt, will Euch schaden

bösen Handel schlimme Geschichte, hässliche Auseinandersetzung

Laffe kindischer Kerl

sich erhält anhält

Gebracht. – Denn hört mich, Nathan; hört mich aus! –
Gesetzt; er wüsst auch Euern Namen: was
Nun mehr, was mehr? – Er kann Euch ja das Mädchen
Nur nehmen, wenn sie niemands ist, als Euer.
Er kann sie doch aus Euerm Hause nur
Ins Kloster schleppen. – Also – gebt sie mir!
Gebt sie nur mir; und lasst ihn kommen. Ha!
Er soll's wohl bleiben lassen, mir mein Weib
Zu nehmen. – Gebt sie mir; geschwind! – Sie sei
Nun Eure Tochter, oder sei es nicht!
Sei Christin, oder Jüdin, oder keines!
Gleichviel! gleichviel! Ich werd Euch weder itzt
Noch jemals sonst in meinem ganzen Leben
Darum befragen. Sei, wie's sei!

Nathan. Ihr wähnt
Wohl gar, dass mir die Wahrheit zu verbergen
Sehr nötig?

Tempelherr. Sei, wie's sei!

Nathan. Ich hab es ja
Euch – oder wem es sonst zu wissen ziemt –
Noch nicht geleugnet, dass sie eine Christin,
Und nichts als meine Pflegetochter ist. –
Warum ich's aber ihr noch nicht entdeckt'? –
Darüber brauch ich nur bei ihr mich zu
Entschuldigen.

Tempelherr. Das sollt Ihr auch bei ihr
Nicht brauchen. – Gönnt's ihr doch, dass sie Euch nie
Mit andern Augen darf betrachten! Spart
Ihr die Entdeckung doch! – Noch habt Ihr ja,
Ihr ganz allein, mit ihr zu schalten. Gebt
Sie mir! Ich bitt Euch, Nathan; gebt sie mir!
Ich bin's allein, der sie zum zweiten Male
Euch retten kann – und will.

Nathan. Ja – konnte! konnte!
Nun auch nicht mehr. Es ist damit zu spät.

damit dafür

Tempelherr. Wieso? zu spät?

Nathan. Dank sei dem Patriarchen ...

Tempelherr.
Dem Patriarchen? Dank? ihm Dank? wofür?
Dank hätte d e r bei uns verdienen wollen?
Wofür? wofür?

Nathan. Dass wir nun wissen, wem
Sie anverwandt; nun wissen, wessen Händen
Sie sicher ausgeliefert werden kann.

Tempelherr.
Das dank ihm – wer für mehr ihm danken wird!

Das dank ihm – wer für mehr ihm danken wird! Gemeint ist: Das danke ihm der Teufel!

Nathan. Aus diesen müsst Ihr sie nun auch erhalten;
Und nicht aus meinen.

Tempelherr. Arme Recha! Was
Dir alles zustößt, arme Recha! Was
Ein Glück für andre Waisen wäre, wird
Dein Unglück! – Nathan! – Und wo sind sie, diese
Verwandte?

Nathan. Wo sie sind?

Tempelherr. Und wer sie sind?

Nathan. Besonders hat ein Bruder sich gefunden,
Bei dem Ihr um sie werben müsst.

Tempelherr. Ein Bruder?
Was ist er, dieser Bruder? Ein Soldat?
Ein Geistlicher? – Lasst hören, was ich mir
Versprechen darf.

Nathan. Ich glaube, dass er keines
Von beiden – oder beides ist. Ich kenn
Ihn noch nicht recht.

Tempelherr. Und sonst?

Nathan. Ein braver Mann!

Bei dem sich Recha gar nicht übel wird
Befinden.

Tempelherr. Doch ein Christ! – Ich weiß zuzeiten
Auch gar nicht, was ich von Euch denken soll: –
Nehmt mir's nicht ungut, Nathan. – Wird sie nicht
Die Christin spielen müssen, unter Christen?
Und wird sie, was sie lange g'nug gespielt,
Nicht endlich werden? Wird den lautern Weizen,
Den Ihr gesät, das Unkraut endlich nicht
Ersticken? – Und das kümmert Euch so wenig?
Demungeachtet könnt Ihr sagen – Ihr? –
Dass sie bei ihrem Bruder sich nicht übel
Befinden werde?

ungut für ungut, übel

lautern reinen, unvermischten

Nathan. Denk ich! hoff ich! – Wenn
Ihr ja bei ihm was mangeln sollte, hat
Sie Euch und mich denn nicht noch immer?

Tempelherr. Oh!
Was wird bei ihm ihr mangeln können! Wird
Das Brüderchen mit Essen und mit Kleidung,
Mit Naschwerk und mit Putz, das Schwesterchen
Nicht reichlich g'nug versorgen? Und was braucht
Ein Schwesterchen denn mehr? – Ei freilich: auch
Noch einen Mann! – Nun, nun; auch den, auch den
Wird ihr das Brüderchen zu seiner Zeit
Schon schaffen; wie er immer nur zu finden!
Der Christlichste der Beste! – Nathan, Nathan!
Was hattet Ihr für einen Engel da gebildet,
Den Euch nun andre so verhunzen werden!

Putz modische Zutat zur Kleidung, Schmuck

schaffen verschaffen

verhunzen verderben, verunstalten

Nathan. Hat keine Not! Er wird sich unsrer Liebe
Noch immer wert genug behaupten.

behaupten erweisen

Tempelherr. Sagt
Das nicht! Von m e i n e r Liebe sagt das nicht!
Denn die lässt nichts sich unterschlagen; nichts.

Es sei auch noch so klein! Auch keinen Namen! –
Doch halt! – Argwohnt sie wohl bereits, was mit
Ihr vorgeht?
Nathan. Möglich; ob ich schon nicht wüsste,
Woher?
Tempelherr. Auch eben viel; Sie soll – sie muss
In beiden Fällen, was ihr Schicksal droht,
Von mir zuerst erfahren. Mein Gedanke,
Sie eher wieder nicht zu sehn, zu sprechen,
Als bis ich sie die Meine nennen dürfe,
Fällt weg. Ich eile ...
Nathan. Bleibt! wohin?
Tempelherr. Zu ihr!
Zu sehn, ob diese Mädchenseele Manns genug
Wohl ist, den einzigen Entschluss zu fassen
Der ihrer würdig wäre!
Nathan. Welchen?
Tempelherr. Den:
Nach Euch und ihrem Bruder weiter nicht
Zu fragen –
Nathan. Und?
Tempelherr. Und mir zu folgen; – wenn
Sie drüber eines Muselmannes Frau
Auch werden müsste.
Nathan. Bleibt! Ihr trefft sie nicht.
Sie ist bei Sittah, bei des Sultans Schwester.
Tempelherr. Seit wenn? warum?
Nathan. Und wollt Ihr da bei ihnen
Zugleich den Bruder finden: kommt nur mit.
Tempelherr. Den Bruder? welchen? Sittahs oder Rechas?
Nathan.
Leicht beide. Kommt nur mit! Ich bitt Euch, kommt!
Er führt ihn fort.

Auch eben viel Auch egal, gleichviel

Fällt weg Ist hinfällig geworden

Sechster Auftritt.

Szene: in Sittahs Harem.
Sittah *und* **Recha** *in Unterhaltung begriffen.*

Sittah. Was freu ich mich nicht deiner, süßes Mädchen! –
Sei so beklemmt nur nicht! so angst! so schüchtern! –
angst ängstlich
Sei munter! sei gesprächiger! vertrauter!
Recha. Prinzessin, ...
Sittah. Nicht doch! nicht Prinzessin! Nenn
Mich Sittah, – deine Freundin, – deine Schwester.
Nenn mich dein Mütterchen! – Ich könnte das
Ja schier auch sein. – So jung! so klug! so fromm!
schier beinahe
Was du nicht alles weißt! nicht alles musst
Gelesen haben!
Recha. Ich gelesen? – Sittah,
Du spottest deiner kleinen albern Schwester.
Ich kann kaum lesen.
Sittah. Kannst kaum, Lügnerin!
Recha. Ein wenig meines Vaters Hand! – Ich meinte,
Hand Handschrift
Du sprächst von Büchern.
Sittah. Allerdings!
Recha. Nun, Bücher wird mir wahrlich schwer zu lesen! –
Sittah. Im Ernst?
Recha. In ganzem Ernst. Mein Vater liebt
Die kalte Buchgelehrsamkeit, die sich
Mit toten Zeichen ins Gehirn nur drückt,
Zu wenig.
Sittah. Ei, was sagst du! – Hat indes
Wohl nicht sehr Unrecht! – Und so manches, was
Du weißt ...?
Recha. Weiß ich allein aus seinem Munde.
Und könnte bei dem Meisten dir noch sagen,

Wie? wo? warum? er mich's gelehrt.

Sittah. So hängt
Sich freilich alles besser an. So lernt
Mit eins die ganze Seele.

Recha. Sicher hat
Auch Sittah wenig oder nichts gelesen!

Sittah. Wieso? – Ich bin nicht stolz aufs Gegenteil. –
Allein wieso? Dein Grund! Sprich dreist. Dein Grund?

Recha. Sie ist so schlecht und recht; so unverkünstelt;
So ganz sich selbst nur ähnlich ...

Sittah. Nun?

Recha. Das sollen
Die Bücher uns nur selten lassen: sagt
Mein Vater.

Sittah. O was ist dein Vater für
Ein Mann!

Recha. Nicht wahr?

Sittah. Wie nah er immer doch
Zum Ziele trifft!

Recha. Nicht wahr? – Und diesen Vater –

Sittah. Was ist dir, Liebe?

Recha. Diesen Vater –

Sittah. Gott!
Du weinst?

Recha. Und diesen Vater – Ah! es muss
Heraus! Mein Herz will Luft, will Luft ...
Wirft sich, von Tränen überwältiget, zu ihren Füßen.

Sittah. Kind, was
Geschieht dir? Recha?

Recha. Diesen Vater soll –
Soll ich verlieren!

Sittah. Du? verlieren? ihn?
Wie das? – Sei ruhig! – Nimmermehr! – Steh auf!

dreist offen, kühn, beherzt

schlecht und recht schlicht und aufrichtig

Recha. Du sollst vergebens dich zu meiner Freundin,
Zu meiner Schwester nicht erboten haben!
Sittah. Ich bin's ja! bin's! – Steh doch nur auf! Ich muss
Sonst Hülfe rufen.
Recha *die sich ermannt, und aufsteht.*
Ah! verzeih! vergib! –
Mein Schmerz hat mich vergessen machen, wer
Du bist. Vor Sittah gilt kein Winseln, kein
Verzweifeln. Kalte, ruhige Vernunft
Will alles über sie allein vermögen.
Wes Sache diese bei ihr führt, der siegt!
Sittah. Nun dann?
Recha. Nein; meine Freundin, meine Schwester
Gibt Lässt
Gibt das nicht zu! Gibt nimmer zu, dass mir
Ein andrer Vater aufgedrungen werde!
Sittah. Ein andrer Vater? aufgedrungen? dir?
Wer kann das? kann das auch nur wollen, Liebe?
Recha. Wer? Meine gute böse Daja kann
Das wollen, – will das können. – Ja; du kennst
Wohl diese gute böse Daja nicht?
Nun, Gott vergeb es ihr! – belohn es ihr!
Sie hat mir so viel Gutes, – so viel Böses
Erwiesen!
Sittah. Böses dir? – So muss sie Gutes
Doch wahrlich wenig haben.
Recha. Doch! recht viel,
Recht viel!
Sittah. Wer ist sie?
Recha. Eine Christin, die
In meiner Kindheit mich gepflegt; mich so
Gepflegt! – Du glaubst nicht! – Die mir eine Mutter
So wenig missen lassen! – Gott vergelt
Es ihr! – Die aber mich auch so geängstet!

Mich so gequält!
Sittah. Und über was? warum?
Wie?
Recha. Ach! die arme Frau, – ich sag dir's ja –
Ist eine Christin; – muss aus Liebe quälen; –
Ist eine von den Schwärmerinnen, die
Den allgemeinen, einzig wahren Weg
Nach Gott, zu wissen wähnen! *Nach* Zu
Sittah. Nun versteh ich!
Recha. Und sich gedrungen fühlen, einen jeden,
Der dieses Wegs verfehlt, darauf zu lenken. –
Kaum können sie auch anders. Denn ist's wahr,
Dass dieser Weg allein nur richtig führt:
Wie sollen sie gelassen ihre Freunde
Auf einem andern wandeln sehn, – der ins
Verderben stürzt, ins ewige Verderben?
Es müsste möglich sein, denselben Menschen
Zur selben Zeit zu lieben und zu hassen. –
Auch ist's das nicht, was endlich laute Klagen
Mich über sie zu führen zwingt. Ihr Seufzen,
Ihr Warnen, ihr Gebet, ihr Drohen hätt
Ich gern noch länger ausgehalten; gern!
Es brachte mich doch immer auf Gedanken,
Die gut und nützlich. Und wem schmeichelt's doch
Im Grunde nicht, sich gar so wert und teuer,
Von wem's auch sei, gehalten fühlen, dass
Er den Gedanken nicht ertragen kann,
Er müss einmal auf ewig uns entbehren!
Sittah. Sehr wahr!
Recha. Allein – allein – das geht zu weit!
Dem kann ich nichts entgegensetzen; nicht
Geduld, nicht Überlegung; nichts!
Sittah. Was? wem?

Recha. Was sie mir eben itzt entdeckt will haben.
Sittah. Entdeckt? und eben itzt?
Recha. Nur eben itzt!
Wir nahten, auf dem Weg hierher, uns einem
Verfallnen Christentempel. Plötzlich stand
Sie still; schien mit sich selbst zu kämpfen; blickte
Mit nassen Augen bald gen Himmel, bald
Auf mich. Komm, sprach sie endlich, lass uns hier
Durch diesen Tempel in die Richte gehn!
Sie geht; ich folg ihr, und mein Auge schweift
Mit Graus die wankenden Ruinen durch.
Nun steht sie wieder; und ich sehe mich
An den versunknen Stufen eines morschen
Altars mit ihr. Wie ward mir? als sie da
Mit heißen Tränen, mit gerungnen Händen,
Zu meinen Füßen stürzte ...
Sittah. Gutes Kind!
Recha. Und bei der Göttlichen, die da wohl sonst
So manch Gebet erhört, so manches Wunder
Verrichtet habe, mich beschwor; – mit Blicken
Des wahren Mitleids mich beschwor, mich meiner
Doch zu erbarmen! – Wenigstens, ihr zu
Vergeben, wenn sie mir entdecken müsse,
Was ihre Kirch' auf mich für Anspruch habe.
Sittah. (Unglückliche! – Es ahnd'te mir!)
Recha. Ich sei
Aus christlichem Geblüte; sei getauft;
Sei Nathans Tochter nicht; er nicht mein Vater! –
Gott! Gott! Er nicht mein Vater! – Sittah! Sittah!
Sieh mich aufs Neu zu deinen Füßen ...
Sittah. Recha!
Nicht doch! steh auf! – Mein Bruder kömmt! steh auf!

in die Richte gehn den kürzesten, den direkten Weg nehmen, eine Abkürzung einschlagen

bei der Göttlichen bei der Jungfrau Maria

Siebenter Auftritt.

Saladin *und die* **Vorigen.**

Saladin. Was gibt's hier, Sittah?
Sittah. Sie ist von sich! Gott!

von sich außer sich

Saladin. Wer ist's?
Sittah. Du weißt ja ...
Saladin. Unsers Nathans Tochter?
Was fehlt ihr?
Sittah. Komm doch zu dir, Kind! – Der Sultan ...
Recha *die sich auf den Knien zu Saladins Füßen schleppt, den Kopf zur Erden gesenkt.*
Ich steh nicht auf! nicht eher auf! – mag eher
Des Sultans Antlitz nicht erblicken! – eher
Den Abglanz ewiger Gerechtigkeit
Und Güte nicht in seinen Augen, nicht
Auf seiner Stirn bewundern ...
Saladin. Steh ... steh auf!
Recha. Eh er mir nicht verspricht ...
Saladin. Komm! ich verspreche ...
Sei was es will!
Recha. Nicht mehr, nicht weniger,
Als meinen Vater mir zu lassen; und
Mich ihm! – Noch weiß ich nicht, wer sonst mein Vater
Zu sein verlangt; – verlangen kann. Will's auch
Nicht wissen. Aber macht denn nur das Blut
Den Vater? nur das Blut?
Saladin *der sie aufhebt.* Ich merke wohl! –
Wer war so grausam denn, dir selbst – dir selbst
Dergleichen in den Kopf zu setzen? Ist
Es denn schon völlig ausgemacht? erwiesen?
Recha. Muss wohl! Denn Daja will von meiner Amm'

aufhebt aus ihrer knienden Stellung zu sich heraufzieht

Es haben.

Saladin. Deiner Amme!

Recha. Die es sterbend
Ihr zu vertrauen sich verbunden fühlte.

Saladin.
Gar sterbend! – Nicht auch faselnd schon? – Und wär's
Auch wahr! – Jawohl: das Blut, das Blut allein
Macht lange noch den Vater nicht! macht kaum
Den Vater eines Tieres! gibt zum höchsten
Das erste Recht, sich diesen Namen zu
Erwerben! – Lass dir doch nicht bange sein! –
Und weißt du was? Sobald der Väter zwei
Sich um dich streiten: – lass sie beide; nimm
Den dritten! – Nimm dann mich zu deinem Vater!

faselnd fantasierend

zum höchsten höchstens

Sittah. O tu's! o tu's!

Saladin. Ich will ein guter Vater,
Recht guter Vater sein! – Doch halt! mir fällt
Noch viel was Bessers bei. – Was brauchst du denn
Der Väter überhaupt? Wenn sie nun sterben?
Beizeiten sich nach einem umgesehn,
Der mit uns um die Wette leben will!
Kennst du noch keinen? ...

Sittah. Mach sie nicht erröten!

Saladin. Das hab ich allerdings mir vorgesetzt.
Erröten macht die Hässlichen so schön:
Und sollte Schöne nicht noch schöner machen? –
Ich habe deinen Vater Nathan; und
Noch einen – einen noch hierher bestellt.
Errätst du ihn? – Hierher! Du wirst mir doch
Erlauben, Sittah?

vorgesetzt vorgenommen

Sittah. Bruder!

Saladin. Dass du ja
Vor ihm recht sehr errötest, liebes Mädchen!

Recha. Vor wem? erröten? …
Saladin. Kleine Heuchlerin!
Nun so erblasse lieber! – Wie du willst
Und kannst! –
Eine Sklavin tritt herein, und nahet sich Sittah.
Sie sind doch etwa nicht schon da?
Sittah *zur Sklavin.*
Gut! lass sie nur herein. – Sie sind es, Bruder!

Letzter Auftritt.

Nathan *und der* **Tempelherr** *zu den* **Vorigen.**

Saladin. Ah, meine guten lieben Freunde! – Dich,
Dich, Nathan, muss ich nur vor allen Dingen
Bedeuten, dass du nun, sobald du willst,
Dein Geld kannst wiederholen lassen! …

Dich … Bedeuten Dir … mitteilen

Nathan. Sultan! …
Saladin. Nun steh ich auch zu deinen Diensten …
Nathan. Sultan! …
Saladin. Die Karawan ist da. Ich bin so reich
Nun wieder, als ich lange nicht gewesen. –
Komm, sag mir, was du brauchst, so recht was Großes
Zu unternehmen! Denn auch ihr, auch ihr,
Ihr Handelsleute, könnt des baren Geldes
Zu viel nie haben!
Nathan. Und warum zuerst
Von dieser Kleinigkeit? – Ich sehe dort
Ein Aug in Tränen, das zu trocknen, mir
Weit angelegner ist. *Geht auf Recha zu.* Du hast geweint?
Was fehlt dir? – bist doch meine Tochter noch?
Recha. Mein Vater! …

mir / Weit angelegner ist mir ein weit größeres Anliegen, mir weit wichtiger ist

Nathan. Wir verstehen uns. Genug! –
Sei heiter! Sei gefasst! Wenn sonst dein Herz
Nur dein noch ist! Wenn deinem Herzen sonst
Nur kein Verlust nicht droht! – Dein Vater ist
Dir unverloren!
Recha. Keiner, keiner sonst!
Tempelherr. Sonst keiner? – Nun! so hab ich mich betrogen.
Was man nicht zu verlieren fürchtet, hat
Man zu besitzen nie geglaubt, und nie
Gewünscht. – Recht wohl! recht wohl! – Das ändert, Nathan,
Das ändert alles! – Saladin, wir kamen
Auf dein Geheiß. Allein, ich hatte dich
Verleitet: itzt bemüh dich nur nicht weiter!
Saladin. Wie gach nun wieder, junger Mann! – Soll alles
Dir denn entgegenkommen? alles dich
Erraten?
Tempelherr. Nun du hörst ja! siehst ja, Sultan!
Saladin. Ei wahrlich! – Schlimm genug, dass deiner Sache
Du nicht gewisser warst!
Tempelherr. So bin ich's nun.
Saladin. Wer so auf irgendeine Wohltat trotzt,
Nimmt sie zurück. Was du gerettet, ist
Deswegen nicht dein Eigentum. Sonst wär
Der Räuber, den sein Geiz ins Feuer jagt,
So gut ein Held, wie du!
Auf Recha zugehend,um sie dem Tempelherrn zuzuführen.
Komm, liebes Mädchen,
Komm! Nimm's mit ihm nicht so genau. Denn wär
Er anders; wär er minder warm und stolz:
Er hätt es bleiben lassen, dich zu retten.
Du musst ihm eins fürs andre rechnen. – Komm!
Beschäm ihn! tu, was ihm zu tun geziemte!
Bekenn ihm deine Liebe! trage dich ihm an!

gach hitzig, ungestüm, übereilt

sein Geiz seine Habgier

Und wenn er dich verschmäht; dir's je vergisst,
Wie ungleich mehr in diesem Schritte du
Für ihn getan, als er für dich ... Was hat
Er denn für dich getan? Ein wenig sich
Beräuchern lassen! ist was Rechts! – so hat
Er meines Bruders, meines Assad, nichts!
So trägt er seine Larve, nicht sein Herz. *Larve* Maske
Komm, Liebe ...

Sittah. Geh! geh, Liebe, geh! Es ist
Für deine Dankbarkeit noch immer wenig;
Noch immer nichts.

Nathan. Halt Saladin! halt Sittah!

Saladin. Auch du?

Nathan. Hier hat noch einer mitzusprechen ...

Saladin. Wer leugnet das? – Unstreitig, Nathan, kömmt
So einem Pflegevater eine Stimme
Mit zu! Die erste, wenn du willst. – Du hörst,
Ich weiß der Sache ganze Lage.

Nathan. Nicht so ganz! –
Ich rede nicht von mir. Es ist ein andrer;
Weit, weit ein andrer, den ich, Saladin,
Doch auch vorher zu hören bitte.

Saladin. Wer?

Nathan. Ihr Bruder!

Saladin. Rechas Bruder?

Nathan. Ja!

Recha. Mein Bruder?
So hab ich einen Bruder?

Tempelherr *aus seiner wilden, stummen Zerstreuung auffahrend.* Wo? wo ist
Er dieser Bruder? Noch nicht hier? Ich sollt
Ihn hier ja treffen.

Nathan. Nur Geduld!

Tempelherr *äußerst bitter.* Er hat
Ihr einen Vater aufgebunden: – wird
Er keinen Bruder für sie finden?
Saladin. Das

niedriger Verdacht unehrenhafter, gemeiner Verdacht

Hat noch gefehlt! Christ! ein so niedriger
Verdacht wär über Assads Lippen nicht
Gekommen. – Gut! fahr nur so fort!
Nathan. Verzeih
Ihm! – Ich verzeih ihm gern. – Wer weiß, was wir
An seiner Stell, in seinem Alter dächten!
Freundschaftlich auf ihn zugehend.
Natürlich, Ritter! – Argwohn folgt auf Misstraun! –
Wenn Ihr mich Euers wahren Namens gleich
Gewürdigt hättet ...
Tempelherr. Wie?
Nathan. Ihr seid kein Stauffen!
Tempelherr. Wer bin ich denn?
Nathan. Heißt Curd von Stauffen nicht!
Tempelherr. Wie heiß ich denn?
Nathan. Heißt Leu von Filnek.
Tempelherr. Wie?
Nathan. Ihr stutzt?
Tempelherr. Mit Recht! Wer sagt das?
Nathan. Ich; der mehr,
Noch mehr Euch sagen kann. Ich straf indes
Euch keiner Lüge.
Tempelherr. Nicht?
Nathan. Kann doch wohl sein,
Dass jener Nam' Euch ebenfalls gebührt.
Tempelherr.

Das hieß Gott ihn sprechen! → Seite 173

Das sollt ich meinen! – (Das hieß Gott ihn sprechen!)
Nathan. Denn Eure Mutter – die war eine Stauffin.
Ihr Bruder, Euer Ohm, der Euch erzogen,

Dem Eure Eltern Euch in Deutschland ließen,
Als, von dem rauen Himmel dort vertrieben,
Sie wieder hierzulande kamen: – Der
Hieß Curd von Stauffen; mag an Kindes statt
Vielleicht Euch angenommen haben! – Seid
Ihr lange schon mit ihm nun auch herüber
Gekommen? Und er lebt doch noch?

Tempelherr. Was soll
Ich sagen? – Nathan! – Allerdings! So ist's!
Er selbst ist tot. Ich kam erst mit der letzten
Verstärkung unsers Ordens. – Aber, aber –
Was hat mit diesem allen Rechas Bruder
Zu schaffen?

Nathan. Euer Vater ...

Tempelherr. Wie? auch den
Habt Ihr gekannt? Auch den?

Nathan. Er war mein Freund.

Tempelherr.
War Euer Freund? Ist's möglich, Nathan! ...

Nathan. Nannte
Sich Wolf von Filnek; aber war kein Deutscher ...

Tempelherr. Ihr wisst auch das?

Nathan. War einer Deutschen nur
Vermählt; war Eurer Mutter nur nach Deutschland
Auf kurze Zeit gefolgt ...

Tempelherr. Nicht mehr! Ich bitt
Euch! – Aber Rechas Bruder? Rechas Bruder ...

Nathan. Seid Ihr!

Tempelherr. Ich? ich ihr Bruder?

Recha. Er mein Bruder?

Sittah. Geschwister!

Saladin. Sie Geschwister!

Recha *will auf ihn zu.* Ah! mein Bruder!

Tempelherr *tritt zurück.*
Ihr Bruder!
Recha *hält an, und wendet sich zu Nathan.*
Kann nicht sein! nicht sein! – Sein Herz
Weiß nichts davon! – Wir sind Betrieger! Gott!
Saladin *zum Tempelherrn.*
Betrieger? wie? Das denkst du? kannst du denken?
Betrieger selbst! Denn alles ist erlogen
An dir: Gesicht und Stimm und Gang! Nichts dein!
So eine Schwester nicht erkennen wollen! Geh!
Tempelherr *sich demütig ihm nahend.*
Missdeut auch du nicht mein Erstaunen, Sultan!
Verkenn in einem Augenblick, in dem
Du schwerlich deinen Assad je gesehen,
Nicht ihn und mich!
Auf Nathan zueilend.
Ihr nehmt und gebt mir, Nathan!
Mit vollen Händen beides! – Nein! Ihr gebt
Mir mehr, als Ihr mir nehmt! unendlich mehr!
Recha um den Hals fallend.
Ah meine Schwester! meine Schwester!
Nathan. Blanda
Von Filnek!
Tempelherr. Blanda? Blanda? – Recha nicht?
Nicht Eure Recha mehr? – Gott! Ihr verstoßt
Sie! gebt ihr ihren Christennamen wieder!
Verstoßt sie meinetwegen! – Nathan! Nathan!
Warum es sie entgelten lassen? sie!
Nathan. Und was? – O meine Kinder! meine Kinder! –
Denn meiner Tochter Bruder wär mein Kind
Nicht auch, – sobald er will?
Indem er sich ihren Umarmungen überlässt, tritt Saladin mit unruhigem Erstaunen zu seiner Schwester.

Saladin. Was sagst du, Schwester?
Sittah. Ich bin gerührt ...
Saladin. Und ich, – ich schaudere
Vor einer größern Rührung fast zurück!
Bereite dich nur drauf, so gut du kannst.
Sittah. Wie?
Saladin. Nathan, auf ein Wort! ein Wort! – –
Indem Nathan zu ihm tritt, tritt Sittah zu dem Geschwister, ihm ihre Teilnehmung zu bezeigen; und Nathan und Saladin sprechen leiser.

dem Geschwister den Geschwistern (vgl. S. 14)

Hör! hör doch, Nathan! Sagtest du vorhin
Nicht –?
Nathan. Was?
Saladin. Aus Deutschland sei ihr Vater nicht
Gewesen; ein geborner Deutscher nicht.
Was war er denn? wo war er sonst denn her?
Nathan. Das hat er selbst mir nie vertrauen wollen.
Aus seinem Munde weiß ich nichts davon.
Saladin.
Und war auch sonst kein Frank'? kein Abendländer?

Frank' vgl. S. 17 und 168

Nathan. O! dass er der nicht sei, gestand er wohl. –
Er sprach am liebsten Persisch ...
Saladin. Persisch? Persisch?
Was will ich mehr? – Er ist's! Er war es!
Nathan. Wer?
Saladin.
Mein Bruder! ganz gewiss! Mein Assad! ganz
Gewiss!
Nathan. Nun, wenn du selbst darauf verfällst: –
Nimm die Versichrung hier in diesem Buche!
Ihm das Brevier überreichend.
Saladin *es begierig aufschlagend.*
Ah! seine Hand! Auch die erkenn ich wieder!

Nathan. Noch wissen sie von nichts! Noch steht's bei dir
Allein, was sie davon erfahren sollen!
Saladin *indes er darin geblättert.*
Ich meines Bruders Kinder nicht erkennen?
Ich meine Neffen – meine Kinder nicht?
Sie nicht erkennen? ich? Sie dir wohl lassen?
Wieder laut.
Sie sind's! sie sind es, Sittah, sind! Sie sind's!
Sind beide meines ... deines Bruders Kinder!
Er rennt in ihre Umarmungen.
Sittah *ihm folgend.*
Was hör ich! – Konnt's auch anders, anders sein! –
Saladin *zum Tempelherrn.*
Nun musst du doch wohl, Trotzkopf, musst mich lieben!
Zu Recha. Nun bin ich doch, wozu ich mich erbot?
Magst wollen, oder nicht!
Sittah. Ich auch! ich auch!
Saladin *zum Tempelherrn zurück.*
Mein Sohn! mein Assad! meines Assads Sohn!
Tempelherr. Ich deines Bluts! – So waren jene Träume,
Womit man meine Kindheit wiegte, doch –
Doch mehr als Träume!
Ihm zu Füßen fallend.
Saladin *ihn aufhebend.* Seht den Bösewicht!
Er wusste was davon, und konnte mich
Zu seinem Mörder machen wollen! Wart!
Unter stummer Wiederholung allerseitiger Umarmungen fällt der Vorhang.

erkennen anerkennen, annehmen

meine Neffen meine Neffen und Nichten

Nathan der Weise.
Ausschnitt einer 1910 entstandenen Statuette aus Alabaster des Bildhauers Adolf Jahn (1858–1941), die in der Folgezeit in vielen Abgüssen (in verschiedenen Größen und Farben) verbreitet war

Zur Textgestalt

Sein letztes Theaterstück »Nathan der Weise« schrieb Lessing im Alter von 49 Jahren in der zweiten Hälfte des Jahres 1778. Zwischen 1774 und 1778 hatte er Fragmente aus bibelkritischen Studien des 1768 verstorbenen Hamburger Gymnasiallehrers und Orientalisten Hermann Samuel Reimarus veröffentlicht, mit deren Kindern er befreundet war. Er war deswegen von dem Hauptpastor der Hamburger Katharinenkirche Johann Melchior Goeze (1717–1786) wiederholt scharf angegriffen worden. Als der sogenannte Fragmentenstreit zwischen Goeze und Lessing eskalierte, schaltete sich Lessings Dienstherr, der Herzog von Braunschweig, ein und untersagte seinem berühmten Bibliothekar, weiter theologische Schriften zu publizieren. Lessing reagierte, indem er ein »dramatisches Gedicht« verfasste, in dem er gegen religiöse Intoleranz zu Felde zog. Gegenüber Elise Reimarus (1735–1805) begründete er diesen Schritt so: »Ich muß versuchen, ob man mich auf meiner alten Kanzel, auf dem Theater wenigstens, noch ungestört will predigen lassen.« (Brief vom 6. September 1778)

Zunächst entstand, ab August 1778, eine Prosafassung, die Lessing ab Mitte November zu einem Versdrama umformte. Als Versform wählte er den sogenannten Blankvers, den reimlosen fünffüßigen Jambus, der vor allem als Versform der Dramen Shakespeares bekannt war, in Deutschland aber bislang keine Tradition hatte. Durch Lessings »Nathan« wurde er hierzulande erst populär und etablierte sich in der Folge als das Standardmetrum des deutschen Versdramas. Die Herstellung der Versfassung zog sich bis in den März des Jahres 1779 hin. Sie erschien Ende April mit der für damalige Verhältnisse hohen Erstauflage von 3000 Exemplaren. Lessing hatte bereits am 8. August 1778 eine »Ankündigung des Nathan« veröffentlicht und auf diese Weise um Subskribenten geworben (Personen, die sich im Voraus verpflichteten, ein Exemplar zu kaufen; die also eine verbindliche Vorbestellung machten). Diese Strategie ging auf: Mitte Januar lagen bereits über 1000 Bestellungen vor. Die erste Auflage verkaufte sich rasch und noch 1779 kam es zu Nachauflagen und ersten Raubdrucken. Die Uraufführung des Stückes fand jedoch erst vier Jahre später, im April 1783, statt. Da war Lessing bereits zwei Jahre tot.

Die vorliegende Ausgabe beruht auf dem Text der von Lessing herausgebrachten ersten Ausgabe des Dramas. Die Rechtschreibung ist an den heutigen Stand angepasst. Zeichensetzung und Lautstand blieben jedoch unangetastet, wie es mittlerweile bei Neuausgaben älterer Werke üblich ist. So sind Formen wie »fodern« (V. 1877), »wiederfodern« (V. 1026) oder »Erfodert« (V. 2073), »kömmt« (V. 1150), »Hülf« (V. 2048), »Eräugnet« (V. 2530), »Betrieger« (V. 3795), »itzt« (V. 2493), »eiteln« (V. 2491), »darnach« (V. 2097 und 3308), »Betaur'« (V. 1432) und »allmählig« (V. 1385 und 3052) unverändert aus dem Originaltext übernommen.

Besondere Betonungen einzelner Wörter oder Wendungen hat Lessing durch gesperrte Schrift (vgl. die Verse 3, 19, 188, 190, 198, 228, 268, 319, 360 f., 490, 508, 814, 848 etc.) oder durch Großschreibung (vgl. etwa die Verse 704, 980, 990, 1006, 1602, 2036, 2250, 2451, 2673, 2688, 2793 und 3066) angezeigt. All diese Hervorhebungen sind originalgetreu in die vorliegende Ausgabe übernommen worden.

Erläuterungen

S. 3 Introite, nam et heic Dii sunt! Der Satz stammt ursprünglich wohl von dem griechischen Philosophen Heraklit von Ephesos.

S. 4 Saladin Der aus einem Kurdengeschlecht abstammende Salah ad-Din (1137/38–1193) war Herrscher über Ägypten (ab 1171) und Syrien (ab 1174). 1187 eroberte er Jerusalem, das zuvor (seit 1099) in den Händen der christlichen Kreuzfahrer gewesen war.

Tempelherr auch Tempelritter; Mitglied des 1119 gegründeten christlichen Ritterordens der Templer

Derwisch muslimischer Bettelmönch (pers. ›derwesch‹: ›bettelarm‹)

Der Patriarch von Jerusalem Gemeint ist der historische Patriarch von Jerusalem, Heraklius (ca. 1128 –1190/1191); Patriarchen waren in jener Zeit Bischofe an herausgehobenen Wirkungsstätten wie Jerusalem, Rom oder Alexandria, die ein besonders hohes Ansehen genossen und großen Einfluss ausübten.

Mamelucken ursprünglich Militärsklaven; hier die persönlichen Leibwächter Saladins

S. 5 Babylon Das etwa 90 Kilometer südlich von Bagdad im heutigen Irak gelegene Babylon war die Hauptstadt des antiken Reiches Babylonien. Zur Zeit der Kreuzzüge unterstand die Stadt dem Kalifat von Bagdad, das wiederum zum Reich der Seldschuken gehörte. Dieser türkische Stamm hatte im Jahr 1071 Jerusalem erobert und dadurch die Epoche der Kreuzzüge ausgelöst.

gute hundert Meilen Gemeint ist das zu Lessings Zeiten übliche Streckenmaß der Deutschen Landmeile bzw. Preußischen Meile, die gut 7,5 Kilometern entspricht.

S. 11 Euprat, Tigris zwei Flüsse, die das Gebiet des heutigen Irak sowie Teile Syriens und der Türkei umschließen

Jordan bedeutendster Fluss Jordaniens und Israels

S. 14 Mehr als … höchstens seinen Dolch? Tempelherren konnten sich nicht wie andere Ritter freikaufen, sich zuweilen jedoch durch die freiwillige Übergabe ihres Dolches und ihres Schwertes, das an einem Ledergurt hing, retten; zumindest behauptet das François-Louis Claude Marin (1721–1809) in seiner »Histoire de Saladin« (1758), die Lessing als eine der Hauptquellen für sein Stück diente.

S. 17 Franke Da der erste Kreuzzug (1096–1099) von Frankreich ausgegangen war, wurden in der Folgezeit alle europäischen Christen im Vorderen Orient als ›Franken‹ bezeichnet.

S. 19 Hinein mit Euch Die Frauen dürfen dem Fremden nicht ohne Schleier unter die Augen treten und müssen daher den Raum verlassen.

S. 20 mit Strumpf und Stiel ›Strumpf‹ ist ein altertümlicher Ausdruck für das heute noch gängige ›Stumpf‹ bzw. ›Rumpf‹; vgl. die weiterhin gebräuchliche Wendung ›mit Stumpf und Stiel‹.

S. 22 Ganges Fluss, der durch Indien und Bangladesch fließt und den Hindus als heilig gilt

S. 24 als Tempelherr? Datteln waren als billige Nahrung des niederen Volkes bei Adligen im Allgemeinen verpönt.

S. 25 Laienbruder … zu dienen Da Laienbrüder nur die Gehorsamsgelübde abgelegt, nicht aber die Priesterweihe empfangen haben, dürfen sie im Kloster nur niedere Arbeiten verrichten.

S. 26 Die Milz; macht melancholisches Geblüt Nach der antiken Temperamentenlehre von den vier Körpersäften sorgte ein Überschuss an der von der Milz produzierten schwarzen Galle für Schwermut bzw. Melancholie.

S. 27 das rote Kreuz auf weißem Mantel die Tracht der Tempelritter, die christlichen Glauben (achteckiges Kreuz), Milde bzw. Reinheit (weiß) und Kampfesbereitschaft sowie Todesmut (rot) symbolisieren sollte

Tebnin Kreuzfahrerfestung bei Tyrus, die 1187 von Saladin eingenommen wurde; die Tempelritter versuchten in der Folgezeit vergeblich, sie zurückzuerobern.

Sidon Hafenstadt nördlich von Tyrus im heutigen Libanon, seit 1187 in Saladins Hand

S. 28 Sinai der Berg, auf dem – dem Alten Testament zufolge – Mose von Gott die zehn Gebote empfing

S. 29 König Philipp Philipp II. August (1165–1223), König von Frankreich, der bereits 1191, vor dem Waffenstillstand, in die Heimat zurückgekehrt war

S. 31 Saladins vorsicht'ger Vater Der Vater des historischen Saladin war Großschatzmeister von Ägypten gewesen, zum Zeitpunkt der Handlung von Lessings Stück, also 1192, allerdings bereits seit fast 20 Jahren tot.

Maroniten syrische Christen im Libanon, die sich nach ihrem Stifter, dem heiligen Maro (gest. ca. 422) benannten und die sich 1181 der römisch-katholischen Kirche anschlossen

Ptolemais auch: Acca; syrische Hafenstadt mit Festung, die der französische König Philipp II. August (1165–1223, König seit 1180) und der englische König Richard I. ›Löwenherz‹ (1157–1199, König seit 1189) 1191, im Zuge des insgesamt erfolglos verlaufenden Dritten Kreuzzugs (1189–1192), mit ihren Truppen eingenommen hatten

S. 32 Erregt mir meine Galle nicht! Macht mich nicht zornig! Nach der in der Medizin der Antike und des Mittelalters einflussreichen Temperamentenlehre verursacht ein Überschuss an gelber Galle (Gallensaft) ein zorniges bzw. cholerisches Verhalten.

S. 35 In Kaiser Friedrichs Heere ... In einem Flusse zu ersaufen Der Kaiser des römisch-deutschen Reiches Friedrich I. ›Barbarossa‹ (1121–1190) ertrank am 10. Juni 1190 während des Dritten Kreuzzugs beim Versuch, den Fluss Saleph in Armenien (heute: Südosttürkei) zu überqueren.

S. 38 Naserinchen ›Naseri‹ war die Bezeichnung einer kleinen ägyptisch-syrischen Silbermünze, die unter Saladin geprägt wurde.

Abschach Abzugsschach; durch Abzug einer Figur wird eine dahinter stehende zur Bedrohung für den feindlichen König; der gleichzeitige Angriff auf die Dame könnte in diesem Fall durch die abgezogene Figur erfolgt sein.

Wie höflich ... müsse Anspielung auf Saladins milde Haltung gegenüber den Gemahlinnen von gefangenen gegnerischen Königen und Fürsten, denen er freien Abzug bzw. den Besuch bei ihren Männern gewährt haben soll

S. 39 matt! von pers. ›mât schâh‹: ›der König ist tot‹; das Schachspiel ist zu Ende.

die glatten Steine Aufgrund des islamischen Bilderverbots verwenden strenggläubige Muslime beim Schachspiel keine Figuren, sondern nur glatte Steine, die sich lediglich durch ein Wertzeichen unterscheiden lassen.

Iman Imam; im engeren Sinne Vorbeter in der Moschee, im weiteren Verständnis und so auch hier: ein den christlichen Bischöfen vergleichbarer hoher islamischer Geistlicher

S. 40 Richards Bruder Gemeint ist Prinz Johann von England (1167 bis 1216), der jüngste Sohn Heinrichs II. (1133–1189), der nach dem Tod seines Bruders Richard I. ›Löwenherz‹ bis 1216 England als König Johann I. regierte; eine geplante Heirat zwischen Johann und Saladins Schwester Sittah ist historisch nicht verbürgt.

deinen Richard Richard I. ›Löwenherz‹ (1157–1199), König von England und Herzog der Normandie, erwarb sich während des Dritten Kreuzzuges viel Respekt wegen seines Heldenmutes; auch Saladin bezeugte ihm seine Achtung.

zu Teile worden zur Frau erhalten hätte. Zeitweilig existierte tatsächlich der Plan, Saladins Bruder Malek el Adel mit Richards verwitweter Schwester Johanna (1164–1199) zu verheiraten. Das Projekt scheiterte letztlich aber am Widerstand der Kirche.

um den Namen / Ist ihnen nur zu tun Es geht ihnen nur um den Namen, das heißt um die Macht, die man unter Berufung auf Jesus Christus ausüben kann, und nicht um die Haltung, die er vorlebte.

S. 41 Männin Bezeichnung aus dem Alten Testament (1. Mose 2, 23)

Acca anderer Name für die Hafenstadt Ptolemais (vgl. S. 169)

S. 45 Ein Kleid ... Einen Gott! In der Materialsammlung Lessings für sein Stück findet sich folgende Notiz: »Saladin hatte nie mehr als ein Kleid, nie mehr als ein Pferd in seinem Stalle. Mitten unter Rechtümern und Überfluss freute er sich einer völligen Armut. H[erbelot], 331. Ein Kleid, ein Pferd, einen Gott! Nach seinem Tode fand man in des Saladin Schatze mehr nicht als einen Dukaten u. 40 silberne Naserinen. Delitiae orient., p. 180.«

S. 46 das war zu wagen das hätte gewagt werden können, wäre vielleicht gegangen. Al-Hafi deutet damit an, dass Saladin es ihm wohl noch eher vergeben hätte, wenn er sich auf betrügerische Weise persönlich bereichert hätte, als dass er ihm einen Mangel an Freigebigkeit verziehen hätte.

S. 48 Parsi Parsen waren indische Anhänger des persischen Feuerkults, der um 600 v. Chr. von Zarathustra begründet wurde.

S. 49 Gesetz das Gesetz des jüdischen Glaubens, das unter anderem dazu verpflichtet, sich der Armen anzunehmen

S. 50 Er habe Salomons und Davids Gräber … zu lösen? Laut einer Überlieferung des Historikers Flavius Josephus (1. Jh. n. Chr.) sollten die Gräber der jüdischen Könige David und Salomon unermessliche Schätze enthalten, die man allerdings nur mithilfe eines geheimen Wortes bergen könne.

S. 51 Haram Aufenthaltsort und Wohnbereich der Frauen in der islamischen Kultur

S. 57 das auserwählte Volk die Israeliten, die Gott dem Alten Testament zufolge zu seinem Volk erwählt hat (vgl. 5. Mose 7, 6–8)

S. 65 Ghebern persische Bezeichnung für die Anhänger der Lehre Zarathustras, die auch Parsi genannt wurden (siehe oben)

S. 82 Stockjude ein ausgesprochen engstirniger Jude (vgl. auch das Adjektiv ›verstockt‹); ›stock‹ kommt auch in anderen Wortverbindungen zur Verstärkung vor (vgl. etwa ›stocktaub‹, ›stockfinster‹, ›stockdumm‹).

S. 105 mit allem geistlichen Pomp mit übertriebener Pracht, mit dem Prunk der für die katholische Kirche charakteristischen edlen Gewänder und sonstigen Rangabzeichen geistlicher Würdenträger

Prälat hoher Würdenträger der römisch-katholischen Kirche (vgl. lat. ›prälatus‹: ›der Vorgezogene‹)

S. 109 Kapitulation (völker- bzw. staatsrechtlicher) Vertrag, Vereinbarung; der Name leitet sich von den Hauptabschnitten des Vertrags, den ›Kapiteln‹, ab.

S. 111 Spenden bei dem Grabe Christliche Pilger mussten nach dem Waffenstillstandsvertrag eine finanzielle Abgabe leisten, um die Grabeskirche besuchen zu dürfen.

S. 118 tolerante Schwätzer Der Tempelherr wirft Nathan vor, zwar Toleranz zu predigen, sich selbst aber nicht an seine Lehren zu halten.

jüd'schen Wolf / Im philosoph'schen Schafpelz vgl. Matthäus 7, 15: »Seht euch vor vor den falschen Propheten, die in Schafskleidern zu euch kommen, inwendig aber sind sie reißende Wölfe.«

S. 119 ohne Schweinefleisch Die jüdischen und islamischen Speisegesetze verbieten den Verzehr von Schweinefleisch.

S. 122 Nicht Feuerkohlen bloß auf Euer Haupt / Gesammelt Das Bild drückt aus, dass Nathan seine Feinde durch seine Großmut beschämt hat (vgl. Buch der Sprüche 25, 21–22 und Römerbrief 12, 20: »[...] ›wenn deinen Feind hungert, gib ihm zu essen; dürstet ihn, gib ihm zu trinken. Wenn du das tust, so wirst du feurige Kohlen auf sein Haupt sammeln.‹ «

S. 124 Quarantana Berg zwischen Jericho und Jerusalem, auf dem Christus 40 Tage und Nächte gebetet und gefastet haben soll; im Mittelalter war der Berg von Eremiten besiedelt.

S. 125 Tabor Berg in der Nähe von Nazareth, auf dem Christus laut dem Bericht der Evangelisten einigen seiner Jünger in göttlicher Gestalt erschien (vgl. beispielsweise Matthäus 17, 1 f.)

S. 126 Gazza Gaza; Hafenstadt im Norden des Gazastreifens, die während der Kreuzzüge hart umkämpft war

Darun Burg und Ortschaft südlich von Gaza

Askalon Hafenstadt nördlich von Gaza, die nach harten Kämpfen 1187 von Saladin erobert wurde

S. 128 Gath Kreuzfahrerfestung und Stadt nordöstlich von Gaza

S. 135 Thebais Oberägypten; benannt nach der alten Hauptstadt Theben

S. 137 den Block geflößt den unbearbeiteten Holz-, Marmor- oder Steinblock (auf dem Wasser) transportiert, das heißt das rohe Material lediglich an Ort und Stelle befördert hat, wo es dann erst unter den Händen des Künstlers zum Kunstwerk wird

S. 158 Das hieß Gott ihn sprechen! Das ließ Gott ihn sprechen! Gemeint ist: Das war sein Glück, weil ich ihn sonst, um meine Ehre zu wahren, niedergeschlagen oder getötet hätte.

Leben und Werk im Überblick

Kamenz, 1729–1740

Gotthold Ephraim Lessing kommt am 22. Januar **1729** als drittes von zwölf Kindern (vier davon sterben im Säuglings- oder Kleinkindalter) des Pfarrers Johann Gottfried Lessing (1693–1770) und dessen Frau Justina Salome (geb. Feller, 1703–1777), die ebenfalls aus einem Pfarrershaushalt stammt, in Kamenz in der kursächsischen Oberlausitz zur Welt.

Ab **1737** besucht Lessing die öffentliche Lateinschule. Im Juli **1740** wird sein Bruder Karl geboren, der sein erster Biograph und der Herausgeber seines Nachlasses werden wird.

Meißen, 1741–1746

Mit zwölf Jahren wird Lessing in die kursächsische Fürstenschule St. Afra in Meißen aufgenommen, wo er als herausragender Schüler ab **1742** für vier Jahre eine ›Freistelle‹ (freie Kost und Unterkunft) erhält. Das tägliche Pensum beläuft sich werktags auf zehn Unterrichts- und Arbeitsstunden. Hinzu kommen sonntags sieben Stunden Gottesdienst. Ferien gibt es keine. In St. Afra wird der Grundstein zu Lessings umfassender Bildung gelegt, die sich später in seinen kunsthistorischen, literaturkritischen, kulturgeschichtlichen und theologischen Schriften niederschlägt.

Leipzig und Wittenberg, 1746–1748

Lessing beendet seine Schulzeit ein Jahr früher als vorgesehen und wird im September **1746** als Stipendiat seiner Heimatstadt an der Universität Leipzig immatrikuliert. Sein offizielles Studienfach ist Theologie; er nutzt jedoch vor allem die Studienangebote der schöngeistigen Fächer – wie Altertumskunde, Literatur und Philosophie –, macht Schulden und beginnt, sich leidenschaftlich fürs Theater zu interessieren.

Lessing verfasst einige erste Lustspiele. Im Januar **1748** führt die Theatergesellschaft der Friederike Caroline Neuber (1697–1760) einen dieser Versuche, »Der junge Gelehrte«, mit Erfolg auf. Die Eltern erreichen etwas übertriebene Gerüchte über den angeblich liederlichen Lebenswandel des Sohnes. Sie rufen ihn nach Hause. Im April, zum Sommersemester, kehrt Lessing nach Leipzig zurück, wo er mit Erlaubnis der Eltern Medizin zu studieren beginnt. Im August wechselt er an die Universität Wittenberg, bricht nur wenig später das Studium ab und geht mit dem Vorsatz nach Berlin, sich dort als freier Schriftsteller zu etablieren.

Berlin und Wittenberg, 1748–1755

Lessing wird Rezensent, später Wissenschaftsredakteur der »Berlinischen Privilegierten Zeitung«. Allein im Jahr **1751** verfasst er über hundert Buchbesprechungen. Er übersetzt, teils als Auftragsarbeiten, teils aus eigenem Antrieb, aus dem Spanischen, Englischen, Französischen und Lateinischen, alles in allem mehrere tausend Seiten. Auch von dem französischen Schriftsteller und Aufklärungsphilosophen Voltaire (1694–1778), der seit Sommer 1750 als Gast Friedrichs II. in Potsdam lebt, erhält Lessing gelegentlich Übersetzungsaufträge.

Er gründet die erste deutsche Theaterzeitschrift, in der er die Vorzüge und Nachteile des beim Publikum beliebten ›rührenden‹ Schauspiels erörtert, und schreibt weitere Stücke. Schon **1749** entstehen »Der Freigeist« und »Die Juden«. Den Höhepunkt der dramatischen Produktion jener Jahre bildet »Miß Sara Sampson« (1755), das erste bürgerliche Trauerspiel. Ferner stellt Lessing eine erste Fabelsammlung zusammen, veröffentlicht Gedichte und verfasst kritisch-gelehrte, teils auch polemische Aufsätze. So wundert es nicht, dass der Vierundzwanzigjährige bereits daran gehen kann, eine eigene Werkausgabe zu veranstalten (»Schriften«, 6 Bände, 1753–1755).

Als er Ende **1751** nochmals nach Wittenberg zurückkehrt, um sein Studium abzuschließen, vergisst er, die Korrekturbögen von Voltaires »Le Siècle de Louis XIV.« zurückzugeben. Voltaire verdächtigt ihn der Betrügerei und spricht am preußischen Hof schlecht über ihn. Im April **1752** wird Lessing in Wittenberg zum Magister der Freien Künste promoviert.

Ende des Jahres kehrt er nach Berlin zurück. Er schließt Freundschaft mit dem jüdischen Aufklärungsdenker Moses Mendelssohn (1729–1786) und dem Verleger und kommenden Haupt der Berliner Aufklärung Friedrich Nicolai (1733–1811). Im Juli 1755 wohnt er in Frankfurt an der Oder der Uraufführung von »Miss Sara Sampson« bei.

Leipzig, 1755–1758

Im Herbst **1755** zieht Lessing nach Leipzig um. Dort lernt er den Kaufmannssohn Gottfried Winkler kennen, der ihn als Begleiter auf einer geplanten vierjährigen Bildungsreise durch Europa engagiert. Anfang **1756** reist Lessing für ein paar Wochen nach Dresden, um die dortigen Kunstschätze zu studieren. Im Mai treten Winkler und Lessing ihre Reise an, die Winkler allerdings aufgrund des Ausbruchs des Siebenjährigen Kriegs bereits im August in Amsterdam abbricht. Im Folgejahr kommt es zu einem Zerwürfnis zwischen Winkler und Lessing. Winkler weigert sich nun, die zugesicherte Entschädigung (für den entgangenen Lohn als Reisebegleiter) zu zahlen. Lessing verklagt Winkler und gewinnt den Prozess, wenn auch erst nach sieben Jahren. Aus der brieflichen Fortsetzung der Gespräche zwischen Lessing, Mendelssohn und Nicolai entsteht eine Theorie der Tragödie (»Briefwechsel über das Trauerspiel«, 1756/57).

Berlin, 1758–1760

1758 ist Lessing wieder in Berlin. Im Vorjahr hat Nicolai ein Rezensionsorgan, die »Bibliothek der schönen Wissenschaften und der freien Künste«, gegründet, für das auch Lessing Beiträge liefert. Zudem arbeiten die drei Freunde an »Briefe[n], die neueste Litteratur betreffend«, die von Januar **1759** bis Juli **1765** wöchentlich und anschließend in Buchform (in 24 Teilen) erscheinen und in denen in leichter Gesprächsform eine kritische Sichtung der deutschen Gegenwartsliteratur unternommen wird. Lessing veröffentlicht außerdem zu Ostern **1759** (anonym) als Kommentar zum Siebenjährigen Krieg das Trauerspiel »Philotas«, bringt im Oktober 1759 ein Fabelbuch heraus, das auch theoretische Abhandlungen zu dieser Gattung enthält, und beschäftigt sich mit einem »Faust«-Drama, das Fragment bleibt. Trotz dieser vielfältigen literarischen Aktivitäten bleibt seine finanzielle Situation dauerhaft angespannt.

Breslau, 1760–1765

Resigniert nimmt Lessing das Angebot des preußischen Generals und Stadtkommandanten von Breslau Friedrich Bogislav von Tauentzien (1710–1791) an, als Gouvernementssekretär in die schlesische Metropole zu kommen. Er verlässt im November **1760** Berlin, ohne von seinen Freunden Abschied zu nehmen.

Das Dienstverhältnis dauert vier Jahre. Im Kasino entdeckt Lessing seine Spielleidenschaft. Er legt sich eine umfangreiche Bibliothek zu. Daneben entwirft er die Schrift »Laokoon oder über die Grenzen der Malerei und Poesie«, mit der er nach seiner Rückkehr nach Berlin seinen Ruf als Altertumskenner und Ästhetiker begründen wird. Überdies gewinnt er Anschauungsmaterial für das Lustspiel »Minna von Barnhelm oder Das Soldatenglück«.

Berlin, 1765–1767

Im April **1765** kehrt Lessing erneut nach Berlin zurück, wo er vergeblich nach einer angemessenen Stelle sucht. 1767 beendet er die Arbeit an »Minna von Barnhelm«.

Hamburg, 1767–1769

Im April **1767** folgt Lessing der Einladung, Theaterautor und Dramaturg am von privater Seite ins Leben gerufenen ›Hamburger Nationaltheater‹ zu werden. Das Projekt wird nicht zum erhofften Erfolg. Nach einem Jahr ist die Lage angespannt, nach zwei Jahren steht das

Theater vor dem Aus. Überdies erleidet Lessing auch selbst einen geschäftlichen Misserfolg: Ostern 1767 hat Johann Joachim Christoph Bode (1730–1793) in Hamburg eine Druckerei und einen Verlag gegründet. Lessing ist als Teilhaber eingestiegen. Hierfür verkaufte er einen großen Teil seiner etwa 6000 Bände umfassenden Bibliothek. Schon bald jedoch muss das Unternehmen Konkurs anmelden und Lessing verliert viel Geld.

Literarischer Ertrag der Hamburger Jahre ist die »Hamburgische Dramaturgie« (Berlin 1769), die als Sammlung von Theaterkritiken Lessings beginnt, sich dann aber zu einer bedeutenden Reflexion über Geschichte, Form und Wirkungsmöglichkeiten des Dramas auswächst. – In seiner Abhandlung »Wie die Alten den Tod gebildet« (Berlin 1769) verficht Lessing die These, in der Antike sei der Tod als Bruder des Schlafs dargestellt worden.

In der Hamburger Zeit knüpft Lessing weitere Bekanntschaften und Freundschaften – so mit dem Dichter und Redakteur Matthias Claudius (1740–1815), dem orthodoxen Hauptpastor Johann Melchior Goeze (1717–1786) sowie den Familien des Gymnasialprofessors und Orientalisten Hermann Samuel Reimarus (1694–1768) und des Unternehmers Engelbert König (1728–1769) –, steht aber am Ende wieder ohne konkrete Aussichten da.

Wolfenbüttel und Braunschweig, 1769–1781

Im September **1769** lässt der Braunschweiger Erbprinz Karl Wilhelm Ferdinand (1735–1806) Lessing das Amt des Bibliothekars an der ›Bibliotheca Augusta‹ in Wolfenbüttel anbieten, einer der herausragenden Bibliotheken in Deutschland. Lessing nimmt an und geht im November nach Wolfenbüttel. Lebensgeschichtlich schließt sich damit ein Kreis: Lessing kehrt den Metropolen den Rücken und in die gelehrte Bücherwelt seiner Jugend zurück. Er wendet sich wieder der Theologie und damit der Welt seiner Vorfahren zu.

Auch macht er sich – spät – daran, eine eigene Familie zu gründen. **1771** verlobt er sich mit der seit Ende 1769 verwitweten Hamburger

Bekannten Eva König (1736–1778). Im März **1772** wird zur Feier des Geburtstags der Herzogin das (fürstenkritische) Trauerspiel »Emilia Galotti« uraufgeführt, das Lessings Ruhm als Dramatiker noch einmal vermehrt.

Zwischen 1772 und 1775 hält sich Eva König in Wien auf, um den Verkauf zweier Fabriken ihres verstorbenen Mannes abzuwickeln. Im März 1775 trifft Lessing seine Verlobte in Wien. Von dort aus begleitet er den Prinzen Maximilian Julius Leopold von Braunschweig-Wolfenbüttel (1752–1785) auf eine halbjährige Italienreise.

Im Oktober **1776** heiraten Lessing und Eva König. Sie zieht mit dreien ihrer vier Kinder zu ihrem Mann nach Wolfenbüttel. Am 25. Dezember **1777** wird der Sohn Traugott geboren, der nur einen Tag lebt. Eva Lessing stirbt am 10. Januar **1778** an den Folgen der Geburt. Die Stieftochter Amalia (»Malchen«, 1761–1848) führt fortan den Haushalt.

Zwischen 1774 und 1778 hat Lessing unter dem Titel »Fragmente eines Ungenannten« Auszüge aus einem unveröffentlichten bibelkritischen Werk des 1768 verstorbenen Hamburger Bekannten Reimarus herausgegeben. Dies führt zu einem öffentlich ausgetragenen Streit zwischen dem Hamburger Hauptpastor Goeze und Lessing. Zuletzt wird Lessing vom Herzog untersagt, weitere Texte zu veröffentlichen, die die Autorität der Bibel infrage stellen. Er reagiert auf dieses Verbot mit dem Drama »Nathan der Weise« (**1779**), das für religiöse Toleranz wirbt. Die Buchausgabe wird gleich ein großer Erfolg; den Weg auf die Bühne findet das Stück nicht so schnell. Erst 1783, nach Lessings Tod, wird es in Berlin uraufgeführt.

1780 erscheint sein letztes großes Werk, der geschichtsphilosophische Versuch »Die Erziehung des Menschengeschlechts«. Am 15. Februar **1781** stirbt Lessing, aufgerieben von vielen Kämpfen und seit längerer Zeit schwermütig und kränkelnd, im Alter von 52 Jahren in Braunschweig.

westermann GRUPPE

Druck A 2 / Jahr 2017

Alle Drucke der Serie A sind im Unterricht parallel verwendbar.

Bildnachweise: S. 2 (Porträt Lessings): akg-images GmbH;
S. 164: wikimedia commons / W.pseudon – Creative Commons 4.0

Redaktion, Satz, Erläuterungen und ›Leben und Werk im Überblick‹: Dr. Hans-Georg Schede, Freiburg

Layout: Yvonne Behnke, Berlin

Druck und Bindung: Westermann Druck Zwickau GmbH

ISBN 978-3-507-**69999**-1